verrine

verrines

José Maréchal

marabout

© 2010 Hachette Livre (Marabout)

Édition 01
Dépôt légal : juin 2010
ISBN : 978-2-501-06766-9
Codif : 40 6201 4
Imprimé en Espagne par Impresia-Cayfosa

Crédit photos
Photographies de Richard Boutin :
pp. 9, 11, 15, 17, 23, 27-53, 57-79, 89-105,
111-117, 121-143, 147, 151-155, 159-171,
185, 213-217, 227 (hg, bd),229, 231

Photographies de Akiko Ida :
pp. 13, 19, 25, 81, 83, 85, 107, 145, 149, 156,173,
177-183, 187-211, 221, 223, 227 (hd, bg), 233

Autres photos © shutterstock :
p. 6-7 ivan82 ;
p. 20-21 Junker ;
p. 54-55 Aptyp_koK ;
p. 86-87 Afina_ok ;
p. 108-109 Lim ChewHow ;
p. 118-119 et 174-175 Olga Miltsova ;
p. 224-225 Chepko Danil Vitalevich ;
p. 234-235 farbeffekte.

sommaire

introduction	6
verrines classiques	20
verrines d'ailleurs	54
verrines chic	86
kits salés	108
verrines gourmandes	118
verrines chocolat	174
kits sucrés	224
annexe	234

introduction

carnet pratique

ustensiles

Pour créer avec délicatesse les couches successives dans vos verrines, plusieurs solutions s'offrent à vous, selon la consistance des ingrédients. La poche à pâtisserie sera idéale pour les mousses, crèmes, caviars de légumes, taramas, tapenades et autres préparations assez souples. Vous pouvez aussi utiliser un sac de congélation dont vous découperez un des coins.

Pour les ingrédients plus épais, les céréales, légumes ou fruits taillés, utilisez plutôt une cuillère à moka (petite cuillère à café), une cuillère à glace ou à soda (plus longue), en fonction du diamètre et de la hauteur du verre.

Enfin, pour les préparations plus liquides, comme un sirop, une crème anglaise ou un coulis, une poire à jus sera plus précise et facile à manier qu'une cuillère. À défaut, vous pouvez utiliser une seringue.

verrines jetables

Inutile de paniquer si vous avez besoin de réaliser un certain nombre de verrines pour un buffet ou un grand nombre d'invités. Si vous n'avez pas le nombre de verres suffisant, les acheter uniquement pour un événement serait onéreux et la vaisselle inutilement fastidieuse. On trouve facilement dans le commerce des verres en plastiques jetables, gobelets, verres à vins, petits pots à sauce ou flûtes à champagne qui, pour un coût dérisoire, feront très bien l'affaire et raviront vos invités par leurs couleurs et leur diversité.

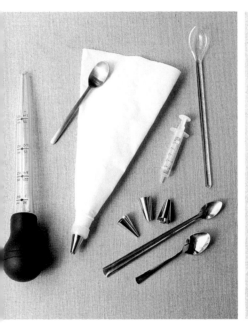

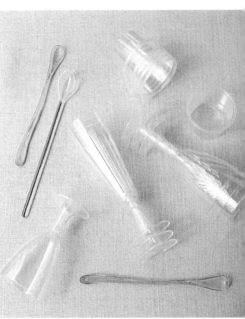

taillage et montage

Pour tailler les biscuits ou réaliser des disques au diamètre du verre, il vous suffit d'utiliser un emporte-pièce de pâtisserie ou, plus simplement un verre retourné que vous pressez sur le biscuit en tournant délicatement. Vous pourrez ainsi intercaler des couches craquantes dans vos verrines.

glaçons magiques

Si vous voulez prendre de l'avance pour un buffet ou une soirée que vous avez programmé, utilisez des bacs à glaçons ou des moules en silicone pour réaliser des glaçons de pistou, de tapenade, de coulis, de mousses, etc. Vous n'aurez plus qu'à les démouler le jour de votre dîner, ajouter les derniers ingrédients et vos verrines minute seront prêtes en un tour de main !

décorer les verrines sucrées

emporte-pièces

Utilisez des emporte-pièces ronds et unis. Mais si vous n'en avez pas, un verre retourné fera parfaitement l'affaire !

cornet en papier

Pour des décorations en chocolat plus fins, des filaments, des petits dessins, des écritures…

Découpez un triangle rectangle en papier sulfurisé, enroulez-le sur lui-même et vous obtiendrez une mini-poche ultra précise.

chantilly

Elle reste un élément de base pour la réalisation de vos verrines sucrées et se prête à toutes les variations : vanillée, chocolatée, épicée ou fruitée.

Pour réussir une chantilly, utilisez la crème liquide à plus de 33 % de matières grasses. Le saladier et la crème doivent être très froids.

siphon…

… à chantilly ? Oui, mais pas seulement ! Un jus ou un coulis de fruits, du lait de coco se transformeront en mousse légère en un clin d'œil.

les indispensables du réfrigérateur et du placard

fromages frais

Salés ou sucrés, ils sont une base incontournable pour improviser sur le thème des verrines. Le mascarpone, riche et crémeux à souhait, et la ricotta sont très tendance ; la brousse, la plupart du temps au lait de brebis, ainsi que le fromage de chèvre frais sont, avec les petits-suisses, Carré Frais et autres St-Môret, très faciles à travailler pour obtenir différentes consistances aux goûts variés. Allongés avec de la crème fraîche ou émulsionnés avec un ou deux blancs d'œufs battus en neige (façon tiramisu), on y incorpore ensuite épices, herbes fraîches, huiles ou encore confitures et compotes…

tartares

Lieu de supplice dans les enfers grecs… Rapport ou pas, c'est de chair crue qu'il s'agit ! Soigneusement découpé en petits dés au couteau ou grossièrement haché au hachoir à viande, le tartare se décline à volonté. Si certains se cantonnent au très classique (mais néanmoins délicieux) tartare de bœuf, osez les associations plus audacieuses :

saumon + gingembre + jus de pamplemousse, thon rouge + noix de coco + citron vert, canard + poivre rose + vinaigre balsamique…

rillettes de poisson et taramas

Préparer les rillettes de poisson est un jeu d'enfant ! Maquereau, thon, saumon et sardine, frais, en petites boîtes pour les paresseux ou en restes de la veille, une seule recette : 2/3 de poisson émietté + 1/3 de beurre ramolli et fromage blanc pour alléger ! On peut ensuite se laisser aller à tous les mariages d'épices et d'aromates ; maquereau et sardine s'accordent avec toutes sortes d'herbes fraîches, graines et baies tandis que le saumon se prête à des associations plus audacieuses : le curry, le cumin et même pourquoi pas… La vanille ! Le tarama aux œufs de cabillaud est bien connu pour son étonnante couleur rose, mais il existe aussi aux œufs de saumon et de mulet, pour varier les goûts et les couleurs.

tapenades

Un caviar d'olives me direz-vous ? Pas tout à fait... Là encore, cette petite recette nous vient de Provence (on ne renie pas si facilement ses origines !). Mais cet écrasé d'olives vertes ou noires auquel on ajoute un peu d'anchois et de câpres ne nécessite pas de cuisson... Vite fait bien fait, les tapenades donnent du goût aux fromages frais et, en touche finale, de la couleur à vos verrines.

fruits secs et confits

Raisins de Corinthe, pistaches, noisettes, amandes effilées, noix de coco, noix de Pécan ou de Macadamia, mais aussi écorces d'orange ou de citron, cerises ou angéliques confites, dattes, abricots et figues séchées vous permettront de donner à vos verrines des notes originales et gourmandes. N'hésitez pas à revisiter les classiques. Aviez-vous déjà pensé aux pistaches dans la pâte à crumble ou aux éclats de gingembre confit dans une crème au chocolat ?

caviars

Non, pas celui de chez Petrossian... Il s'agit des petites purées de légumes bien souvent venus du Sud (aubergines, courgettes, tomates fraîches ou séchées...), grillés et longuement mijotés dans de l'huile d'olive en quantité peu raisonnable... Ces caviars-là sont les compotes du maraîcher, ou, mieux encore, de votre potager !

compotes, chutneys et confitures

Les compotes et les confitures, tout le monde connaît ! Et tous les fruits s'y prêtent (ou presque). Une seule règle à respecter : celle des saisons. Confiture de fraises au printemps et compote pomme-rhubarbe à l'automne ! Le chutney s'autorise des mélanges plus osés... C'est un condiment de légumes (oignons, aubergines, tomates...) ou de fruits (mangue, ananas, coco...) toujours épicé, sucré et acidulé... En purée ou en morceaux, un seul mot d'ordre ; aigre-doux et c'est tout !

16

biscuits

Roses de Reims ou à la cuiller, en miettes ou légèrement imbibés, du sablé riche et beurré aux cookies chocolatés en passant par de délicates cigarettes russes ou de légères gaufrettes… Vous ne l'aviez peut-être pas remarqué, mais votre placard est une véritable caverne d'Ali Baba ! Sucrés, mais aussi salés – comme les bretzels, les gressins et les tacos – crackers et biscuits vous permettront de composer des verrines, craquantes, croustillantes et toujours, surprenantes !

épices et aromates

Curry, paprika, tandoori, cumin, cardamome, piment oiseau ou d'Espelette, safran ou tout autre souvenir de vacance asiatique ou orientale, ces trésors d'ici ou d'ailleurs rehausseront vos verrines pour un dépaysement garanti.

sauces

Crème anglaise ou chantilly, coulis de fruits ou de légumes, sirop d'érable ou de thé vert, en fine gelée ou en touche finale, coulis, sauces, sirops et crèmes coloreront vos verrines avec douceur, alors que les sauces salées, telles que le Tabasco, la sauce Worcestershire ou la sauce de soja, le ketchup ou le piccalili personnaliseront mayonnaises et fromages frais avec subtilité.

verrines
classiques

milk-shake céleri-bacon

Préparation + cuisson
25 minutes
Réfrigération **2 heures**
Pour **6 à 8 verrines**

¼ de **céleri-rave**
40 cl de **lait**
6 tranches de **bacon**
3 pincées de **sel**
2 pincées de **poivre**
2 c. à s. d'**huile**

Le milk-shake : éplucher le céleri-rave et le tailler en petits dés. Le mettre à cuire dans une casserole avec le lait, le sel, le poivre et 2 tranches de bacon. Après cuisson, mixer le tout ; rectifier, si besoin est, la consistance et l'assaisonnement. Réserver au frais.

Le bacon grillé : tailler le reste de bacon en petits morceaux. Les faire griller avec l'huile, à feu moyen, dans une poêle antiadhésive. Déposer sur un papier absorbant.

Monter les verrines : au moment de servir, verser le milk-shake bien froid dans les verrines et décorer avec les morceaux de bacon grillés.

milk-shake avocat-orange au crabe

Préparation **10 minutes**
Réfrigération **1 heure**
Pour **6 à 8 verrines**

1 **avocat** mûr
10 cl de **lait**
le jus de 2 **oranges**
1 c. à s. de **sucre semoule**
200 g de **chair de crabe**

Le milk-shake : couper l'avocat en deux. Sortir son noyau, retirer sa peau et débiter sa chair en petits morceaux. Mettre dans un blender ou mixeur, ajouter le sucre et le jus d'orange. Réduire en purée, puis verser le lait par petites doses en mélangeant bien afin que le tout devienne homogène. Réserver au réfrigérateur pendant au moins 1 heure.

Monter les verrines : verser le milk-shake bien froid dans les verrines en émiettant, à la fin, la chair de crabe sur le dessus.

Conseil : on peut moduler la quantité de sucre et de liquide selon la saveur et la consistance que l'on désire obtenir (plus ou moins sirupeuse) ou, dans un tout autre style, préférer saler et poivrer légèrement.

coquille d'œuf mimosa

Préparation + cuisson
20 minutes
Pour **6 à 8 verrines**

6 **œufs**
250 g de **mayonnaise**
sel et **poivre blanc**

Les œufs : cuire les œufs dans de l'eau bouillante salée pendant 10 minutes puis les refroidir sous l'eau froide. Les écaler ensuite, séparer les blancs des jaunes. Écraser les blancs à l'aide d'un tamis ou d'une passoire fine, et les jaunes à la fourchette, dans deux bols différents. Ajouter dans chacun la moitié de la mayonnaise et mélanger afin d'obtenir deux pâtes crémeuses. Saler et poivrer.

Monter les verrines : pour réaliser les verrines, utiliser une poche à pâtisserie ou des cuillères à moka et alterner les couches de blanc et de jaune.

Conseil : vous pouvez décliner cette recette simple en ajoutant des herbes fraîches ou des épices au jaune d'œuf.

la vache qui rit, jambon-concombre

Préparation **15 minutes**
Pour **4 à 6 verrines**

12 portions de **La vache
qui rit**
3 à 4 tranches de **jambon
blanc**
1 **concombre**

Le concombre : tailler le concombre en deux
dans le sens de la longueur et retirer le cœur à l'aide
d'une cuillère à café. Le couper ensuite en petits dés.

Le jambon : mixer au robot-coupe ou hacher
finement au couteau le jambon.

La vache qui rit : mettre La vache qui rit dans
un petit saladier et travailler le fromage à l'aide
d'une cuillère afin d'obtenir une pâte crémeuse.

Monter les verrines : alterner enfin à votre
guise les couches dans vos verrines.

Conseil : vous pouvez aussi remplacer le jambon
par des crevettes ou du saumon fumé.

coquillettes-mâche-roquefort-poires

Préparation + cuisson
20 minutes
Pour **4 à 6 verrines**

100 g de **coquillettes**
1 barquette de **mâche**
3 **poires** pochées
80 g de **roquefort**
10 cl d'**huile d'olive**
5 cl de **vinaigre balsamique**
sel et **poivre du moulin**

Les coquillettes : cuire les coquillettes al dente et rincer à l'eau froide.

La poire et le roquefort : pendant ce temps, couper les poires et le roquefort en petits dés (garder l'extrémité des poires avec la queue pour décorer les verrines).

La mâche : effeuiller la mâche et mélanger délicatement tous ces ingrédients avec les coquillettes dans un saladier.

La vinaigrette : réaliser une vinaigrette avec l'huile d'olive, le vinaigre balsamique, le sel et le poivre.

Monter les verrines : disposer dans les verrines la salade de coquillettes, décorer avec les extrémités des poires et des pousses de mâche. Arroser de vinaigrette au moment de servir.

gorgonzola et bacon

Préparation **15 minutes**
Pour **6 à 8 verrines**

6 à 8 tranches de **bacon**
200 g de **gorgonzola**
10 cl de **crème liquide**
3 pincées de **poivre**
quelques feuilles d'**herbes
  fraîches**

La crème de gorgonzola : dans un saladier, mélanger à la fourchette le fromage, la crème et le poivre à votre convenance. À l'aide d'une poche à pâtisserie ou d'une petite cuillère, garnir le fond des verrines.

Le bacon : couper les tranches de bacon en petites lanières et/ou en petits disques, avec un emporte-pièce du diamètre des verrines.

Monter les verrines : alterner les couches de crème et de bacon à votre guise, puis terminer par des lanières ou un petit morceau de bacon cru ou grillé et un brin d'herbe fraîche.

Conseil : accompagner ces verrines avec des gressins ou tout autres biscuits salés.

fromages coulants

Préparation + cuisson
17 minutes
Pour **6 à 8 verrines**

100 g de **comté**
100 g de **gruyère**
100 g de **cheddar**
45 cl de **crème liquide**
3 belles pincées de **poivre**
1 assortiment de **biscuits
   salés** (type gressins,
   bâtons au fromage
   ou flûtes)

Les fromages : après avoir retiré leur croûte, râper les fromages séparément, ou les couper en petits cubes ou en lamelles.

La fondue : répartir la crème liquide dans 3 petites casseroles. Mettre sur feu moyen et, une fois la crème chaude (éviter l'ébullition), ajouter dans chacune l'un des trois fromages et le poivre. Bien mélanger pendant 2 à 3 minutes, sur feu doux cette fois-ci, jusqu'à ce que le fromage soit fondu. Laisser alors tiédir hors du feu. Ajouter un trait d'eau chaude si le mélange vous semble trop épais.

Monter les verrines : sans trop attendre, garnir les verrines et servir aussitôt avec les biscuits salés.

agneau, crème raifort-menthe

Préparation **10 minutes**
Réfrigération **15 minutes**
Pour **6 à 8 verrines**

300 à 400 g de reste
de **gigot d'agneau cuit**
150 g de **fromage blanc**
1 petite c. à c. de **raifort
haché**
1 botte de **menthe fraîche**
3 pincées de **sel**
2 pincées de **poivre**

La crème au raifort : ciseler finement la menthe et garder quelques feuilles pour la déco. Dans un petit saladier, mélanger la menthe avec le raifort, le fromage blanc, le sel et le poivre. Réserver au réfrigérateur.

L'agneau : couper le reste de gigot en petits cubes ; en garnir les verrines aux deux tiers.

Monter les verrines : au moment de servir, napper avec la crème de raifort bien fraîche et décorer avec des feuilles de menthe.

brandade de haddock

Préparation + cuisson
1 h 25
Pour **6 à 8 verrines**

Brandade
300 g de **haddock**
75 cl de **lait**
3 belles **pommes de terre**
3 gousses d'**ail**
1 branche de **thym**
½ branche de **romarin**
20 cl d'**huile d'olive**

Coulis de poivrons
2 **poivrons rouges**
2 c. à s. d'**huile d'olive**
sel et **poivre**

La purée de pommes de terre : éplucher les pommes de terre et les cuire 20 à 25 minutes dans une casserole d'eau bouillante salée. Mettre le thym, le romarin, les gousses d'ail entières et l'huile d'olive dans une petite casserole, chauffer à feu doux pour confire l'ail et laisser diffuser l'arôme des herbes 15 minutes.

Le haddock : pendant ce temps, mettre le haddock dans un plat à gratin avec le lait. Cuire à four moyen entre 15 et 20 minutes et laisser refroidir dans le plat.

La brandade : écraser les pommes de terre à la fourchette dans un saladier, émietter le haddock et filtrer l'huile d'olive infusée à l'aide d'une passoire fine, en pressant bien les gousses d'ail. Mélanger le tout et ajouter un peu de lait de cuisson du haddock afin d'obtenir une consistance moelleuse.

Le coulis de poivrons : épépiner les poivrons, les couper en gros morceaux et les faire revenir avec 2 cuillerées à soupe d'huile d'olive. Verser un peu d'eau à hauteur et cuire doucement, saler et poivrer. Mixer le tout en ajoutant un peu d'eau si nécessaire pour obtenir la consistance d'un coulis. Réserver.

Monter les verrines : remplir les verrines de brandade et, au moment de les servir, les réchauffer à four moyen, dans un plat au bain-marie. Réchauffer le coulis dans une casserole ou au micro-ondes, en napper les verrines ou servir à part en saucière.

bœuf en gelée

Préparation + cuisson
5 h 50
Réfrigération **12 heures**
Pour **10 à 15 verrines**

2 kg de **gîte de bœuf**
   ou de **paleron**
½ **pied de veau**
500 g de **queue de bœuf**
1 **poireau**
2 **oignons**
2 **carottes**
2 **clous de girofle**
1 beau **bouquet garni**
   (thym, laurier, queues
   de persil, vert du poireau)
1 branche de **céleri**
1 tête d'**ail**
10 g de **gros sel**
10 g de **poivre en grains**

Le bœuf : mettre la viande et la queue de bœuf dans une marmite. Recouvrir d'eau froide et porter à ébullition à feu vif. Puis égoutter la viande, la rincer et la replacer dans une marmite propre.

Le pot-au-feu : laver et couper en gros dés le poireau (garder le vert pour le bouquet garni), le céleri et les carottes. Les ajouter à la viande, avec les oignons épluchés et piqués des clous de girofle, le bouquet garni, les gousses d'ail, le sel et le poivre. Recouvrir d'eau et laisser mijoter environ 5 heures.

Le bouillon : retirer la viande du bouillon, jeter le pied de veau. Réserver les légumes à part et faire réduire des trois quarts le bouillon à feu moyen. Filtrer et laisser refroidir.

Monter les verrines : une fois la viande et les légumes refroidis, les tailler en petits dés et répartir dans les verrines. Verser dessus le bouillon refroidi et mettre au frais 12 heures au minimum.

Conseil : cette recette est celle d'un pot-au-feu. Le temps de préparation sera nettement diminué et les verrines encore plus goûteuses si vous accommodez les restes d'un pot-au-feu de la veille. Vous pourrez les conserver 2 à 3 jours au réfrigérateur. Servir bien frais avec une petite quenelle de moutarde à l'ancienne.

miniflans de légumes

Préparation + cuisson
55 minutes
Pour **15 à 18 miniverrines**

20 cl de **crème liquide**
10 cl de **lait**
4 **œufs**
1 petite c. à c. de **sel**
3 pincées de **poivre**

Courgette à la menthe
1 belle **courgette**
½ botte de **menthe**

**Épinards à la noix
de muscade**
200 g **d'épinards hachés
surgelés**
1 petite c. à c. de **noix
de muscade en poudre**

Carotte au cumin
1 belle **carotte**
1 c. à c. de **graines
de cumin**

Les légumes : la veille, décongeler les épinards au réfrigérateur. Le jour même, éplucher et laver la carotte, la couper en gros morceaux, cuire dans de l'eau bouillante salée, puis rafraîchir à l'eau froide et réserver. Laver la courgette, la couper en petits dés et répartir dans le tiers des verrines, avec la menthe fraîche ciselée finement. Presser les épinards dans vos mains pour retirer toute l'eau, les hacher si nécessaire et répartir dans un deuxième tiers des verrines, avec la muscade en poudre. Préchauffer le four à 180 °C.

Le flan : dans un saladier, battre les œufs, ajouter la crème, le lait, le sel et le poivre. Répartir un peu de ce mélange crémeux dans les verrines de courgettes et d'épinards ; garder le reste pour mixer avec les morceaux de carotte avant de remplir les verrines restantes.

La cuisson des verrines : disposer toutes les verrines dans un plat à gratin, remplir aux deux tiers d'eau chaude. Parsemer quelques graines de cumin sur les verrines de carottes. Enfourner, baisser le four à 160 °C et laisser cuire 15 minutes. Pour vérifier la cuisson, planter une lame de couteau dans une ou plusieurs verrines ; si elle ressort nette, c'est cuit.

miniterrines de pommes de terre au munster

Préparation + cuisson
55 minutes
Pour **6 à 8 terrines**

3 à 4 **pommes de terre**
1 petit **munster**
1 gousse d'**ail** hachée
50 cl de **crème liquide**
sel et **poivre**
1/2 c. à c. de **noix
de muscade** ou
de **quatre-épices
en poudre** (à votre goût)

L'appareil crémeux : mettre dans un saladier
la crème, l'ail et les épices. Saler et poivrer,
puis bien mélanger le tout. Couper le munster
en petites tranches.

Les pommes de terre : éplucher et laver les pommes
de terre, les couper en rondelles fines. Préchauffer
le four à 220 °C.

Monter les verrines : réaliser les terrines
en alternant les couches de pommes de terre,
de fromage et de crème, et terminer par une tranche
de munster.

La cuisson des terrines : faire cuire au four
dans un plat à gratin au bain-marie pendant
environ 40 minutes. Surveiller la coloration et baisser
la température en cours de cuisson si nécessaire.

Conseil : si vous avez préparé à l'avance ces terrines,
réchauffer, comme pour la cuisson, au bain-marie.

minicroque-monsieur en terrine

Préparation + cuisson
35 minutes
Pour **6 à 8 verrines**

12 à 16 tranches
de **pain de mie**
4 à 6 tranches de **jambon
blanc**
35 cl de **lait**
40 g de **beurre** fondu
40 g de **farine**
noix de muscade
80 g de **gruyère râpé**
sel et **poivre**

La béchamel : réaliser un roux blanc avec la farine
et le beurre fondu. Cuire 2 minutes à feu doux. Ajouter
le lait froid et porter à ébullition, en fouettant pour éviter
les grumeaux. Assaisonner à votre goût et ajouter une
pincée de noix muscade. Réserver. Préchauffer le four
à 160 °C.

Réaliser le croque : à l'aide d'un emporte-pièce
du diamètre des verrines, tailler deux disques de
pain de mie par verrine et autant de jambon. Toaster
légèrement le pain, au four ou au grille-pain. Disposer
une tranche au fond de chaque verrine, puis un disque
de jambon, une cuillerée à soupe de béchamel, un
autre disque de jambon, de la béchamel, et terminer
par le pain toasté. Presser légèrement, répartir
le gruyère râpé sur les croques et enfourner
quelques minutes.

Un croque à manger à la cuillère !

légumes en tempura

Préparation + cuisson
35 minutes
Pour **10 à 15 verrines**

Pâte à tempura
125 g de **farine**
125 g de **fécule de pomme
de terre**
1 **blanc d'œuf**
1 **œuf**
10 cl d'**eau froide**
sel et **poivre**
piment en poudre
(facultatif)

Les légumes
1 **aubergine**
2 **courgettes**
2 **carottes**
2 **poivrons rouge**

2 litres d'**huile de friture**

La pâte à tempura : réunir dans un saladier la farine, la fécule, le sel, le poivre et, éventuellement, le piment. Mélanger doucement avec l'œuf et le blanc puis incorporer l'eau froide progressivement, de façon à éviter les grumeaux (l'idée est d'obtenir une sorte de pâte à crêpes, mais un peu plus épaisse). Réserver au frais.

Les légumes : tailler tous les légumes en bâtonnets comme des frites et chauffer l'huile jusqu'à 170 °C.

Les beignets : brasser les légumes ensemble, par petites quantités, avec un peu de pâte à tempura (juste assez pour recouvrir les légumes) et plonger progressivement dans le bain de friture jusqu'à légère coloration. Débarrasser dans un plat recouvert de papier absorbant, saler et poivrer.

Monter les verrines : réaliser des cornets en papier pour habiller les verrines. Les garnir et servir aussitôt en proposant, à côté, une petite sauce relevée.

farfalles aux petits légumes

Préparation + cuisson
25 minutes
Réfrigération **30 minutes**
Pour **8 à 12 verrines**

250 g de **farfalle**
(pâtes papillon)
10 cl d'**huile d'olive**
1 **citron**
3 branches de **basilic**
1 c. à s. de **pignons de pin**
1 gousse d'**ail**
1 **courgette**
1 petite **aubergine**
1 barquette de **tomates cerises**
sel et **poivre**

Les pâtes : mettre à bouillir, dans une casserole, de l'eau additionnée de gros sel et d'un filet d'huile d'olive. Une fois l'ébullition atteinte, y cuire les pâtes al dente. Puis les égoutter et les refroidir à l'eau froide.

Le pistou : pendant la cuisson, effeuiller le basilic (garder quelques feuilles pour la déco) et le piler avec l'ail épluché, les pignons et un peu d'huile d'olive. Réserver au frais.

Les légumes : couper la courgette en rondelles, l'aubergine en petits dés et les faire revenir 1 à 2 minutes dans une poêle bien chaude avec un trait d'huile d'olive, saler et poivrer.

La salade : débarrasser les légumes dans un saladier, ajouter les pâtes, le pistou, les tomates cerises coupées en deux et le jus de citron. Bien mélanger, ajouter de l'huile d'olive et rectifier l'assaisonnement si nécessaire. Mettre au réfrigérateur.

Monter les verrines : une fois la salade de pâtes bien rafraîchie, garnir et décorer les verrines.

crumble niçois au chèvre

Préparation + cuisson
35 minutes
Réfrigération **15 minutes**
Pour **4 à 6 verrines**

Pâte à crumble
200 g de **farine**
100 g de **beurre** ramolli
1 **jaune d'œuf**
2 pincées de **sel**

Miniratatouille
1 belle **aubergine**
2 **courgettes**
1 **poivron rouge**
3 **tomates**
1 **oignon**
2 gousses d'**ail**
1 branche de **thym**
1 branche de **romarin**
1 verre d'**huile d'olive**

Crème de chèvre
120 g de **fromage**
  de chèvre frais
10 cl de **crème liquide**
2 c. à s. d'**huile d'olive**
2 belles pincées de **sel**
2 pincées de **poivre**

La pâte à crumble : du bout des doigts, mélanger le beurre, la farine, le jaune d'œuf et le sel. Sabler la pâte sans la pétrir et réserver au froid 15 minutes. Étaler les miettes de pâte sur une plaque à pâtisserie ou un plat à tarte et cuire à four chaud jusqu'à coloration.

Les légumes : pendant ce temps, tailler en petits dés l'aubergine, les courgettes et le poivron. Chauffer un peu d'huile d'olive dans une poêle. Y faire revenir vivement chaque légume séparément, puis les réserver dans une passoire. Dans la même poêle, faire revenir à feu doux l'oignon et l'ail hachés, le thym et le romarin en branche. Peler et épépiner les tomates, les couper en petits dés. Remettre les légumes égouttés dans la poêle, ajouter les dés de tomates, assaisonner et cuire encore 1 à 2 minutes à feu doux. Laisser refroidir.

La crème de chèvre : pendant ce temps, préchauffer le four à 180 °C. Tiédir légèrement la crème liquide, émietter le fromage dans un saladier et verser progressivement la crème en mélangeant à l'aide d'une spatule en bois. Incorporer l'huile d'olive, saler et poivrer.

Monter les verrines : retirer le thym et le romarin de la miniratatouille, la disposer au fond des verres, puis la crème de chèvre, à l'aide d'une poche à pâtisserie ou d'une cuillère à moka, et enfin les miettes de crumble.

verrines
d'ailleurs

maki-verrines

Préparation + cuisson
40 minutes
Réfrigération **1 heure**
Pour **6 à 8 verrines**

Riz
2 verres de **riz rond**
20 cl de **vinaigre de riz**
1 petite c. à s. de **sucre
semoule**
1 petite c. à c. de **sel**

Poissons
6 feuilles d'**algue nori**
120 g de **saumon**
120 g de **thon rouge**

Assaisonnements
sauce soja
wasabi
gingembre au vinaigre
à votre convenance

Le riz : faire cuire le riz dans 2 ½ verres d'eau jusqu'à ce qu'il l'ait totalement absorbée. Pendant ce temps, mélanger le vinaigre, le sucre et le sel dans une poêle et chauffer doucement pour dissoudre le sucre. Lorsque le riz est cuit, verser dessus le mélange au vinaigre, mélanger très délicatement et laisser tiédir.

Les makis : couper le thon et le saumon en petites lanières pas trop épaisses, les réserver au frais. Façonner les makis. Étaler une feuille d'aluminium sur la table et la recouvrir d'une feuille de nori (côté lisse en dessous). Humidifier la feuille de nori à l'aide d'une éponge propre trempée dans un peu d'eau tiède. Étendre un peu de riz sur le nori, en laissant bien de la place de chaque côté et plus encore en haut (environ 2 cm en haut et 1 cm sur les autres côtés). Déposer, au centre et sur toute la longueur, les lanières de saumon ou de thon. À l'aide de la feuille d'aluminium, enrouler l'algue sur elle-même en appuyant bien. Procéder de la même façon avec les autres rouleaux et les mettre au réfrigérateur.

Monter les verrines : le moment venu, retirer l'aluminium et débiter les rouleaux en tranches en vous servant d'un couteau trempé dans de l'eau chaude. Disposer les makis dans les verrines en alternant le saumon et le thon. Accompagner ces verrines de sauce soja, de wasabi et/ou de gingembre au vinaigre.

caviar d'aubergine, ricotta et coppa

Préparation + cuisson
45 minutes
Réfrigération **45 minutes**
Pour **4 à 6 verrines**

2 belles **aubergines**
2 **oignons**
5 gousses d'**ail**
1 branche de **thym**
1 c. à c. de **concentré
de tomate**
1 petit verre d'**huile d'olive**
50 à 80 g de **ricotta**
5 à 6 tranches de **coppa**
sel et **poivre**

Préparer les légumes : couper les aubergines
dans le sens de la longueur, quadriller leur chair
avec un couteau, puis les disposer dans un plat
allant au four. Éplucher et couper grossièrement
les oignons et l'ail, en parsemer les aubergines,
puis arroser d'huile d'olive. Saler et poivrer,
ajouter le thym effeuillé et enfin enfourner
à 200 °C pendant 25 minutes.

Le caviar d'aubergines : une fois refroidies,
retirer la chair des aubergines à l'aide d'une
cuillère à soupe. Ajouter l'oignon et l'ail et mixer
au robot-coupe en ajoutant le concentré
de tomate et un peu d'huile d'olive. Mettre au froid.

Monter les verrines : répartir le caviar d'aubergines
dans les verrines à l'aide d'une cuillère à café
ou d'une poche à pâtisserie, puis la ricotta,
et enfin la coppa, soit en rosace, soit émincée
en fines lamelles.

à l'italienne

Préparation **25 minutes**
Pour **4 à 6 verrines**

60 g de **tapenade**
   d'olives noires
50 g de **pistou**
4 **tomates en grappe**
60 g de **tomates séchées**
1 à 2 **boules**
   de mozzarella
   « di buffala »

Les tomates : couper les tomates en quartiers, les épépiner et les couper en petits dés. Mixer les tomates séchées au robot-coupe et mélanger la purée obtenue avec les dés de tomates fraîches.

La mozzarella : couper des tranches fines de mozzarella et, à l'aide d'un emporte-pièce ou d'un verre retourné, tailler des disques du diamètre des verrines.

Monter les verrines : monter successivement dans les verrines les couches de tapenade, de tomates, de mozzarella et de pistou, quelques gressins pour accompagner et le tour est joué !

chèvre-fruits secs-tomates séchées

Préparation **25 minutes**
Pour **4 à 6 verrines**

250 g de **fromage
de chèvre frais**
15 cl de **crème liquide**
5 cl d'**huile d'olive**
2 pincées de **sel**
1 pincée de **poivre**
120 g de **tomates séchées
à l'huile**
50 g d'**abricots secs**
50 g de **pruneaux**
50 g de **figues séchées**

Les tomates séchées : égoutter les tomates séchées
et les réduire en purée au mixeur.

Les fruits secs : couper les fruits secs en petits
dés et les mélanger.

Le fromage de chèvre : émietter le fromage
de chèvre dans un saladier. Faire tiédir la crème
liquide, puis travailler ensemble, à la fourchette,
le fromage, la crème et l'huile d'olive, afin d'obtenir
une pâte crémeuse. Saler et poivrer.

Monter les verrines : à l'aide d'une cuillère à moka,
alterner dans les verrines une couche de crème
de fromage, une de purée de tomates séchées,
à nouveau une couche de crème de fromage, enfin
les fruits secs et, pour terminer, une dernière couche
de crème de fromage.

caviar de courgette et crème de parmesan

Préparation + cuisson
30 minutes
Réfrigération **25 minutes**
Pour **4 à 6 verrines**

Caviar de courgette
2 belles **courgettes**
½ **oignon**
1 gousse d'**ail**
1 branche de **romarin**
2 pincées de **cumin
en poudre**
2 pincées de **sel**
et de **poivre**
½ c. à c. de **sucre semoule**
1 c. à s. d'**huile d'olive**

Crème de parmesan
20 cl de **crème liquide**
100 g de **parmesan
poivre du moulin**

Le caviar de courgette : blanchir pendant 2 minutes, à la vapeur ou dans de l'eau bouillante salée, les courgettes coupées en rondelles et les refroidir à l'eau fraîche. Les écraser ensuite à la fourchette, puis ajouter en remuant le sel et le poivre, le cumin, la branche de romarin, l'ail écrasé et l'huile d'olive. Remettre à feu doux pendant 2 à 3 minutes dans
une casserole pour terminer la cuisson et laisser les parfums diffuser. Bien remuer pour obtenir un mélange homogène, retirer le romarin et laisser refroidir dans un endroit frais.

La crème de parmesan : couper le parmesan en petits dés et le mettre dans une petite casserole avec la crème liquide. Chauffer doucement en remuant sans cesse pour dissoudre le fromage et réduire la crème sans qu'elle attache. Débarrasser et laisser refroidir.

Monter les verrines : garnir les verrines aux deux tiers avec le caviar de courgette. Au moment de les servir, tiédir à peine la crème de parmesan et la verser délicatement. Terminer par un copeau de parmesan et un tour de moulin à poivre.

penne au thon à la sicilienne

Préparation **20 minutes**
Réfrigétation **25 minutes**
Pour **8 à 12 verrines**

250 g de **penne**
150 g de **thon au naturel**
en boîte
80 g d'**olives noires**
dénoyautées
80 g de **tomates séchées**
huile d'olive
vinaigre balsamique
sel et **poivre**

Les pâtes : mettre à bouillir, dans une casserole, de l'eau additionnée de gros sel et d'un filet d'huile d'olive. Une fois l'ébullition atteinte, y cuire les pâtes al dente. Puis les égoutter et les refroidir à l'eau froide.

Le « misto di tonno » : couper les olives et les tomates séchées en petits morceaux. Presser et émietter le thon. Brasser le tout dans un saladier avec les pâtes, arroser généreusement d'huile d'olive et de vinaigre balsamique, saler et poivrer. Mettre au réfrigérateur.

Monter les verrines : répartir la salade de pâtes au thon dans les verrines. Les servir bien fraîches en mettant l'huile d'olive et le vinaigre balsamique à disposition, pour que chaque convive puisse en ajouter selon son goût.

boudin noir-spéculos-bananes épicées

Préparation + cuisson
20 minutes
Pour **4 à 6 verrines**

2 **boudins noirs**
2 **bananes**
30 g de **beurre demi-sel**
1 c. à c. de **sucre roux
en poudre**
1 paquet de **spéculos**
2 pincées de **curry
en poudre**
2 pincées de **gingembre
en poudre**
2 pincées de **ras
el-hanout en poudre**

Le boudin : éplucher les boudins noirs, émietter la chair à la fourchette et cuire à feu doux sans cesser de remuer pendant 2 à 3 minutes. À l'aide d'une cuillère, disposer la chair de boudin au fond des verrines.

Les spéculos : écraser les spéculos dans un récipient à l'aide d'un rouleau à pâtisserie ou les mixer au robot-coupe pour les réduire en poudre.

Les bananes : couper les bananes sans les éplucher en tranches épaisses. Faire fondre le beurre dans une poêle, ajouter les épices, le sucre roux et mettre les rondelles de bananes à dorer 1 minute sur chaque face.

Monter les verrines : si nécessaire, réchauffer au micro-ondes les verrines garnies de boudin, répartir dessus la poudre de spéculos et, pour terminer, disposer les bananes épicées. Servir aussitôt.

quinoa au citron, pistou de roquette et œufs de saumon

Préparation **30 minutes**
Réfrigération **20 minutes**
Pour **6 à 8 verrines**

100 g de **quinoa**
10 cl de **jus de citron**
5 cl d'**huile d'olive**
2 pincées de **sel**
  et de**poivre**
150 g d'**eau**
50 à 70 g d'**œufs**
  de saumon
1 petit pot de **crème**
  épaisse

Pistou de roquette
120 g de **roquette**
1 botte de **basilic**
4 gousses d'**ail**
30 g de **parmesan râpé**
30 g de **pignons de pin**
  ou **d'amandes**
1 petit verre d'**huile d'olive**

Le quinoa : mettre le quinoa dans une casserole avec l'eau froide, le sel et le poivre. Démarrer la cuisson à feu vif jusqu'à ébullition, puis baisser à feu doux. Remuer, couvrir et laisser cuire jusqu'à évaporation de l'eau, enfin ajouter le jus de citron et l'huile d'olive. Laisser refroidir hors du feu, en remuant de temps en temps.

Le pistou de roquette : pendant ce temps, mettre la roquette, le basilic effeuillé, l'ail épluché (ôter le germe), le parmesan et les pignons dans le bol du robot et mixer en ajoutant progressivement l'huile d'olive. Verser dans un bac en plastique et mettre au froid.

Monter les verrines : alterner les couches de quinoa, de pistou et d'œufs de saumon, différemment selon les verrines et ajouter une petite quenelle de crème épaisse au moment de servir…

boulgour et magret de canard

Préparation + cuisson
45 minutes
Réfrigération **1 heure**
Pour **6 à 8 verrines**

125 g de **boulgour**
1 **magret de canard**
½ **oignon**
25 g d'**abricots secs**
20 g de **raisins secs**
25 g de **pruneaux**
20 g de **pignons de pin**
1 c. à c. de **ras
el-hanout**
2 pincées de **cumin
en poudre**
5 pincées de **sel**
10 cl d'**huile d'olive**

Le boulgour et les fruits secs : couper l'oignon en petits dés et le faire revenir, à feu moyen, dans un faitout avec 3 cuillerées à soupe d'huile d'olive. Ajouter le boulgour, remuer pendant 1 minute, puis ajouter 20 cl d'eau, les épices (en garder 4 pincées pour le magret), 3 pincées de sel et laisser cuire à feu moyen en remuant régulièrement. Pendant ce temps, couper les abricots et les pruneaux en petits dés, les ajouter au boulgour, ainsi que les pignons et les raisins secs en milieu de cuisson. Sitôt que le boulgour a doublé de volume et a absorbé toute l'eau, le retirer du feu et l'arroser avec le reste d'huile d'olive. Bien mélanger et laisser refroidir doucement dans le faitout. Rectifier l'assaisonnement si besoin est.

Le magret : à l'aide d'un couteau, quadriller la peau du magret avant de le déposer, sur le côté graisse, dans une poêle antiadhésive. Laisser fondre la graisse à feu très doux pendant 7 à 8 minutes, puis retourner le magret et poursuivre la cuisson, côté chair vers la poêle, 2 à 3 minutes, pour un magret rosé. Débarrasser le magret sur un papier absorbant. Saupoudrer sa chair avec les épices restantes et 2 pincées de sel, répartir du bout des doigts et laisser refroidir à température ambiante.

Monter les verrines : trancher finement le magret, le déposer sur les verrines, déjà garnies du boulgour aux fruits secs.

chutney de cerises au manchego

Préparation + cuisson
25 minutes
Réfrigération **30 minutes**
Pour **6 à 8 verrines**

300 g de **cerises**
  dénoyautées
60 g de **sucre semoule**
3 c. à s. de **vinaigre blanc**
2 tours de moulin de **poivre**
1/2 c. à c. de **gingembre**
  en poudre
2 pincées de **cannelle**
  en poudre
100 à 120 g de **manchego**
  (tome de brebis)

Le chutney : mettre les cerises et le sucre dans une casserole antiadhésive et faire revenir à feu moyen en remuant. Ajouter le poivre, le gingembre et la cannelle, laisser compoter pendant 2 à 3 minutes. Ajouter ensuite le vinaigre et cuire à nouveau quelques minutes, en remuant doucement, jusqu'à obtenir une consistance de marmelade. Débarrasser dans un bac en plastique et laisser refroidir.

Monter les verrines : disposer un peu de chutney dans les verres selon leur taille. Recouvrir de manchego taillé en petits dés ou en copeaux.

Conseil : une façon originale « sucrée-salée » d'agrémenter votre apéritif, voire de servir votre fromage. Ici, on utilise du manchego, mais un chèvre frais ou un bleu vous assureront également le succès avec un chutney de cerises ou d'autres fruits de saison.

gaspacho à la pastèque

Préparation **15 minutes**
Réfrigération **1 heure**
Pour **6 à 8 verrines**

¼ de **pastèque**
½ **poivron rouge**
½ **oignon**
2 **tomates**
1 petit verre de **jus
de tomate**
2 c. à s. d'**huile d'olive**
2 gouttes de **grenadine**
1 pincée de **sel** et de **poivre**

Les légumes : laver et épépiner la pastèque,
les tomates et le poivron et couper leur chair en dés.

Le gaspacho : mixer le tout avec l'oignon, l'huile
d'olive et enfin le jus de tomate afin d'obtenir
un gaspacho homogène (filtrer si nécessaire).
Assaisonner et ajouter les gouttes de grenadine
(surtout pas trop !) et placer au réfrigérateur
pour 1 heure au minimum.

Monter les verrines : remplir les verrines de gaspacho
et les décorer avec une petite tranche de pastèque.

légumes à la grecque

Préparation + cuisson
50 minutes
Réfrigétation **45 minutes**
Pour **8 à 10 verrines**

½ **chou-fleur**
1 **carotte**
1 **courgette**
200 g de **champignons de Paris**
150 g d'**oignons grelots**
1 **échalote** ciselée
1 branche de **thym**
1 petite branche de **romarin** (facultatif)
1 feuille de **laurier**
1 gousse d'**ail**
1 c. à c. de graines de **coriandre**
1 verre de **vin blanc**
2 c. à s. de **vinaigre blanc** ou le **jus** de 1 **citron**
3 c. à s. d'**huile d'olive**
sel et **poivre**

Les légumes : éplucher les petits oignons, débiter ou non les champignons selon leur taille, le chou-fleur en petits bouquets, la carotte et la courgette en bâtonnets ou à votre guise. Seule la carotte a besoin d'être blanchie à l'eau bouillante pendant 2 minutes.

La cuisson des légumes : dans une petite marmite, faire suer l'échalote sans coloration avec l'huile d'olive, puis déglacer avec le vin blanc, le vinaigre ou le jus de citron, et laisser réduire 1 minute. Ajouter les aromates, la gousse d'ail écrasée, les oignons et, successivement, les florettes de chou-fleur, les champignons, la carotte et enfin la courgette. Laisser cuire à couvert pendant 2 à 3 minutes, pour que les légumes restent croquants. Les retirer de la marmite et laisser refroidir. Goûter le jus de cuisson, rectifier l'assaisonnement si nécessaire, laisser réduire un peu et verser directement sur les légumes.

Monter les verrines : dresser les légumes bien refroidis dans les verrines.

Conseil : vous pouvez personnaliser ces légumes avec les épices que vous aimez : curry, quatre-épices, safran ou cumin…

billes de melon et de pastèque au porto, gressins au Parme

Préparation + cuisson
20 minutes
Réfrigération **10 minutes**
Pour **4 à 6 verrines**

1 **melon**
¼ de **pastèque**
50 g de **beurre demi-sel**
6 tranches fines de **jambon de Parme**
1 paquet de **gressins**
25 cl de **porto rouge**
50 g de **sucre semoule**

Le sirop de porto : mettre dans une petite casserole le sucre et le porto et chauffer doucement pour réduire de moitié, laisser refroidir.

Les boules de melon et de pastèque : utiliser une cuillère parisienne (des petits cubes peuvent aussi faire l'affaire). Couper les tranches de jambon, dans la longueur, en trois bandes. À l'aide d'un pinceau, badigeonner les gressins sur la moitié de leur longueur avec le beurre mou, puis enrouler les bandes de jambon. Mettre au froid.

Monter les verrines : disposer les boules de melon et de pastèque dans les verres. Au moment de servir, ajouter les gressins, puis verser le sirop de porto.

Conseil : attention ! Les gressins absorbent l'humidité des fruits et du porto et peuvent se casser. Attendre le dernier moment pour les disposer ou les servir à part.

perles du Japon au saumon fumé et guacamole au cumin

Préparation + cuisson
25 minutes
Réfrigération **30 minutes**
Pour **4 à 6 verrines**

80 g de **perles du Japon**
(tapioca)
3 c. à s. d'**huile d'olive**
4 tranches de **saumon
fumé**
3 **avocats**
1 c. à c. rase de **cumin
en poudre**
le **jus** de 2 **citrons**
3 pincées de **sel**
poivre

Le tapioca : le cuire à l'eau bouillante salée (comme des pâtes), puis rincer à l'eau froide. Mélanger avec l'huile d'olive, le jus de 1 citron, le sel et le poivre puis garder au froid. Couper le saumon fumé en petits dés.

Les avocats : éplucher, leur ôter le noyau et les mixer au robot-coupe avec le jus de 1 citron, le cumin, le sel et le poivre.

Monter les verrines : alterner les couches de tapioca, de saumon fumé et de guacamole, ou mélanger le tapioca au saumon. Mettre au frais 30 minutes avant de servir.

riz à l'espagnole

Préparation + cuisson
35 à 40 minutes
Réfrigération **25 minutes**
Pour **8 à 12 verrines**

1 **oignon**
250 g de **riz**
125 g de **petits pois**
  surgelés
2 g de **safran**
  ou mélange spécial riz
  à base de safran
1 **poivron**
125 g de **chorizo**
3 verres d'**eau**
1 petit **bouquet garni**
  ou 1 cube de bouillon
  de volaille ou de légumes
4 c. à s. d'**huile d'olive**

La garniture : ciseler l'oignon, le faire suer à l'huile d'olive dans un poêlon jusqu'à ce qu'il prenne une légère coloration. Épépiner et tailler le poivron en petits dés, les ajouter aux oignons. Saupoudrer le safran. Cuire sans cesser de mélanger 1 minute sur feu moyen.

La cuisson du riz : ajouter le riz, le bouquet garni (ou le cube de bouillon émietté). Remuer pendant 1 à 2 minutes avant de verser les verres d'eau. Laisser cuire à couvert, en surveillant, jusqu'à ce que tout le liquide ait été absorbé.

Le chorizo et les petits pois : pendant ce temps, tailler le chorizo en petits dés et, 5 minutes avant la fin de la cuisson, les ajouter dans le poêlon ainsi que les petits pois.

Monter les verrines : rectifier l'assaisonnement si nécessaire (le chorizo et le cube de bouillon salent déjà) et laisser refroidir avant de garnir les verrines.

verrines
chic

trio de foie gras et fruits

Préparation + cuisson
15 minutes
Réfrigération **1 heure**
Pour **6 à 12 verrines**

120 g à 250 g de **foie gras
mi-cuit « au torchon »**
sel de Guérande
poivre du moulin

Marmelade de poires
2 à 3 **poires**
1 c. à s. de **miel**
3 pincées de **cannelle
en poudre**

Marmelade d'abricots
250 g d'**abricots**
70 g de **sucre roux
en poudre**
le jus de ½ **citron**
3 pincées de **gingembre
en poudre**

Marmelade de figues
200 g de **figues**
70 g de **sucre roux
en poudre**
½ branche de **romarin**
5 cl de **porto**

Le foie gras : acheter un bon foie gras mi-cuit
« au torchon » en forme de boudin (pour faire
de belles tranches rondes).

Les marmelades : pour les marmelades, utiliser
trois petites casseroles. Couper les fruits en gros
dés et cuire à feu doux 7 à 8 minutes en remuant
avec le sucre ou le miel et, pour chaque fruit, l'épice
ou l'ingrédient approprié. Laisser refroidir 1 heure.

Monter les verrines : disposer dans chaque
verrine un peu de l'une des marmelades de fruit
et, au moment de servir, une tranchette de foie gras,
quelques grains de sel et un tour de moulin à poivre.
Réaliser 2 à 4 verrines avec chaque marmelade.

Conseil : vous pouvez servir avec vos verrines
des gressins au sésame ou des petites tranches
de pains aux fruits secs toastées.

frois gras, chocolat, orange sanguine

Préparation + cuisson
28 minutes
Réfrigération **25 minutes**
Pour **6 à 8 verrines**

300 g de **foie gras mi-cuit
de canard**
50 g de **chocolat noir**
150 g de **chocolat au lait**
1 c. à s. d'**huile d'arachide**
1 petit verre de **jus
d'orange sanguine**
1 **orange sanguine**
en quartiers (pelés à vif)
3 feuilles de **gélatine**
1 c. à c. de **sucre
en poudre**

Les pastilles de chocolat : faire fondre, au bain-marie ou au micro-ondes réglé au minimum, les deux chocolats coupés en petits morceaux avec la cuillère d'huile. À l'aide du dos d'une cuillère, réaliser des petits disques de chocolat sur une feuille de papier cuisson ou sur un morceau de film alimentaire étiré sur un plat, puis mettre au réfrigérateur.

La gelée d'orange : tremper les feuilles de gélatine dans de l'eau froide pour les ramollir. Réunir le jus, les quartiers d'orange et le sucre dans une casserole ; mettre à feu doux avec la gélatine. Lorsque celle-ci a fondu, retirer du feu et laisser refroidir.

Monter les verrines : pendant ce temps, tailler des disques de foie gras à la taille des verrines à l'aide d'un emporte-pièce. Déposer alternativement dans les verrines des couches de foie gras, de chocolat et de gelée d'orange, en prenant soin, à chaque fois, de laisser prendre la gelée quelques minutes au réfrigérateur. Servir bien frais.

Saint-Jacques, boudin noir et pommes vertes

Préparation + cuisson
25 minutes
Pour **4 à 6 verrines**

4 à 6 belles **noix
de Saint-Jacques**
2 **boudins noirs**
2 **pommes vertes**
type granny-smith
1 c. à s. de **sucre roux**
en poudre
10 g de **beurre demi-sel**
1 c. à s. d'**huile d'olive**
3 pincées de **sel
de Guérande
poivre du moulin**

Les pommes : éplucher les pommes, les épépiner et les couper en petits quartiers. Faire fondre le beurre à feu doux avec le sucre, ajouter les pommes, couvrir et cuire à feu très doux 5 à 6 minutes (les pommes ne doivent pas se colorer), puis mettre au froid.

Les boudins : éplucher les boudins noirs, émietter la chair à la fourchette et cuire dans une poêle à feu doux sans cesser de remuer pendant 2 à 3 minutes. Disposer au fond des verrines la chair de boudin à l'aide d'une cuillère, puis les quartiers de pommes cuites et mettre au froid.

Les noix de Saint-Jacques : au moment de servir les verrines, poêler les noix de Saint-Jacques dans l'huile d'olive très chaude, 1 minute sur chaque face.

Monter les verrines : réchauffer les verrines au micro-ondes ou au bain-marie à feu doux et disposer une noix de Saint-Jacques par verrine. Une pincée de sel de Guérande, un coup de moulin à poivre pour terminer. Servir aussitôt.

Conseil : vous pouvez, à votre goût, ajouter aux pommes un peu de poivre de Sechuan.

lentilles corail au foie gras et au jambon cru

Préparation + cuisson
35 minutes
Réfrigération **20 minutes**
Pour **6 à 8 verrines**

200 g de **lentilles corail**
½ **oignon** ciselé
1 petit **bouquet garni**
   ou 1 **cube de bouillon**
4 tranches de **jambon cru**
150 g environ de **foie gras mi-cuit**
5 c. à s. d'**huile d'olive**
2 c. à s. de **vinaigre balsamique**
sel et **poivre**

Les lentilles : dans une casserole, recouvrir les lentilles d'eau froide, ajouter l'oignon et le bouquet garni et cuire environ 15 minutes (attention, ces lentilles cuisent beaucoup plus rapidement que les lentilles vertes) puis égoutter. Laisser refroidir.

Le jambon cru et le foie gras : pendant ce temps, tailler des petites lamelles de jambon et des petits dés de foie gras.

La vinaigrette : mélanger dans un bol l'huile d'olive, le vinaigre, le sel et le poivre.

Monter les verrines : une fois les lentilles refroidies, les mélanger délicatement avec le foie gras et le jambon. Disposer dans les verrines et arroser de vinaigrette.

crème froide de pomme de terre, jus de truffe et coppa

Préparation + cuisson
45 minutes
Réfrigération **2 heures**
Pour **8 à 12 verrines**

3 **pommes de terre**
1 **blanc de poireau**
25 cl de **crème liquide**
1 petite boîte de **jus
de truffe** (épicerie fine)
5 tranches de **coppa**
2 noisettes de **beurre**

La crème de pomme de terre : éplucher, laver les pommes de terre et les débiter en petits cubes. Laver et émincer finement le poireau, puis le faire revenir 1 minute avec le beurre et les pommes de terre dans un faitout. Saler et poivrer, mouiller à hauteur avec de l'eau et cuire jusqu'à évaporation quasi complète. Ajouter alors la crème et laisser réduire 2 minutes. Mixer le tout, débarrasser dans un bac en plastique et laisser refroidir un peu à température ambiante avant de mettre au réfrigérateur.

Les lanières de coppa : tailler la coppa en petites lamelles et les faire sécher au four sur une plaque à pâtisserie, à 160 °C, pendant environ 5 minutes (elle doivent être croustillantes mais pas brûlées).

Monter les verrines : dès que la crème est refroidie, en garnir les verrines aux trois quarts, arroser de jus de truffe et parsemer de coppa.

Conseil : vous pouvez aussi servir le jus de truffe et la coppa à part, comme sur la photo.

chèvre frais, pommes vertes et magret fumé

Préparation + cuisson
15 minutes
Réfrigération **10 minutes**
Pour **4 à 6 verrines**

2 crottins de **chèvre frais**
4 c. à s. de **crème liquide**
2 c. à s. d'**huile d'olive**
2 **pommes vertes**
  type granny-smith
8 à 12 fines tranches de
  magret de canard fumé
2 pincées de **sel**
1 pincée de **poivre**

Les pommes : éplucher, épépiner les pommes et les couper en petits quartiers. Les disposer sur une assiette, recouvrir de film alimentaire et cuire au naturel dans au micro-ondes pendant 1 à 2 minutes. Laisser refroidir.

La crème de chèvre : mettre la crème liquide à tiédir à feu doux, saler et poivrer. Émietter les crottins dans un petit saladier. Verser dessus la crème, petit à petit, en écrasant à la fourchette, puis ajouter l'huile d'olive et tourner afin d'obtenir un mélange homogène.

Monter les verrines : garnir les verrines avec une petite cuillère de crème de chèvre, puis une couche de pommes et enfin les tranches de magret fumé. Alterner les couches selon votre fantaisie et la taille de vos verres.

pousses aux crevettes

Préparation + cuisson
20 minutes
Réfrigération **10 minutes**
Pour **6 à 8 verrines**

16 à 20 grosses **crevettes**
150 g de **pousses**
d'épinard
60 g de **soja** ou d'**alfalfa**
(pousses de luzerne)
8 c. à s. d'**huile d'olive**
+ 3 pour la cuisson
des crevettes
le **jus** de 1 **citron**
1 **jaune d'œuf**
sel et **poivre**

Les crevettes : décortiquer les crevettes en leur laissant juste la queue. Réserver au frais. Plus tard, les cuire dans une poêle avec un peu d'huile d'olive, 2 minutes sur chaque face, et les débarrasser sur un plat recouvert de papier absorbant.

La « mayolive » : dans un petit saladier, fouetter le jaune d'œuf et le jus de citron, puis incorporer petit à petit l'huile d'olive. Saler et poivrer à votre goût.

Les pousses : mélanger ensemble les pousses d'épinard et les graines germées.

Monter les verrines : le moment venu, garnir les verrines du mélange de pousses, répartir les crevettes et arroser à votre convenance avec la sauce à l'huile d'olive et au citron. Servir aussitôt.

mousseline de lentilles, châtaignes et saucisse

Préparation **20 minutes**
Réfrigération **10 minutes**
Pour **6 à 8 verrines**

1 petite boîte de **lentilles cuisinées**
1 petite boîte de **châtaignes à l'étouffée**
1 **saucisse de Montbéliard** ou **de Morteau** cuite
30 cl de **crème liquide**
sel et **poivre**

Les lentilles : égoutter les lentilles et les mettre dans un petit saladier. À l'aide d'un pilon ou d'une fourchette, les écraser en purée, en laissant quelques petits morceaux.

Les châtaignes : ajouter les châtaignes à la purée de lentilles en les brisant entre vos doigts (en garder quelques-unes entières pour la décoration).

La mousseline : monter la crème liquide au batteur ou au fouet, comme pour une chantilly, et incorporer au mélange lentilles-châtaignes, délicatement avec une spatule. Saler, poivrer à votre goût et mettre au réfrigérateur.

La saucisse : couper la saucisse en petits dés ou en fines rondelles.

Monter les verrines : il ne reste plus qu'à garnir les verrines de mousseline et de morceaux de saucisse, en finissant avec une tranche de saucisse et une châtaigne.

charlotte de légumes

Préparation + cuisson
45 minutes
Pour **4 verrines**

250 g de **ratatouille
en bocal**
250 g de **caviar
d'aubergines en bocal**
½ **céleri-rave**
1 **carotte**
1 **courgette**
1 boîte de **sauce tomate**
120 g de **ricotta**
1 botte de **basilic**
sel et poivre
huile d'olive

Les légumes : éplucher et couper le céleri-rave en gros cubes, le cuire à l'eau bouillante salée. Pendant ce temps, éplucher la carotte, tailler d'abord des tronçons puis des petites lamelles de la hauteur des verrines. Faire de même avec la courgette, mais en n'utilisant que le vert. Blanchir la carotte 2 minutes à l'eau bouillante salée, puis la courgette, à peine 1 minute, et refroidir sous l'eau froide. Une fois le céleri-rave cuit, l'égoutter et écraser les morceaux dans un petit saladier à l'aide d'une fourchette en ajoutant un filet d'huile d'olive. Rectifier l'assaisonnement et réserver.

La ricotta au basilic : effeuiller et ciseler finement le basilic (garder quelques feuilles pour la déco). Mélanger avec la ricotta, saler et poivrer.

Monter les verrines : tapisser le fond d'une bonne couche de purée de céleri-rave. Chemiser les parois avec les lamelles de courgette et de carotte. Remplir en commençant par une couche de ratatouille, puis une couche de ricotta, puis une couche de caviar d'aubergines. Terminer en nappant de sauce tomate.

Cette charlotte se mange chaude ! Placer les verrines dans un plat à gratin rempli d'eau à mi-hauteur. Mettre au four à 170 °C pendant 20 minutes. Pour vérifier que la charlotte est chaude « à cœur », planter un couteau au centre de la verrine et le laisser 5 secondes, puis tester la température en posant la lame sur vos lèvres.

tartare de saumon, pommes vertes et groseilles

Préparation + cuisson
15 minutes
Réfrigération **20 minutes**
Pour **6 à 8 verrines**

400 g de **saumon frais**
   (pavés)
1 **pomme verte**
   type granny-smith
5 c. à s. de **jus** de **citron**
3 c. à s. d'**huile d'olive**
1 petite barquette
   de **groseilles**
1 **échalote**
sel et **poivre**

Le saumon : retirer la peau et les arêtes du saumon, tailler au couteau en petits dés.

La pomme : couper la pomme en quartiers et les couper en petits dés (laisser la peau).

Monter les verrines : mélanger le saumon et la pomme, arroser avec le jus de citron et l'huile d'olive puis ajouter l'échalote ciselée finement et les groseilles. Assaisonner, mélanger délicatement et garnir les verrines. Mettre au frais 20 minutes au moins.

kits salés

1 • fromage blanc aux œufs de lump

Le rouge vif des œufs de lump colore joliment cette verrine
qui, en noir et blanc, serait encore plus chic !

2 • Boursin, tomate et tapenade

Trois coups de fourchette dans un Boursin, des minicubes de tomate
fraîche, façon tartare, sur une fine couche de tapenade d'olives, noires
ou vertes pour varier les goûts et les couleurs.

3 • concombre-fromage blanc-menthe

Des petits cubes de concombre et de la menthe fraîche ciselée
dans un fromage blanc crémeux : une verrine façon tzatziki !

4 • jambon et gouda à la parisienne

Allumettes de jambon et cubes de gouda (la crème fraîche et la ciboulette
sont presque superflues !). Voilà qu'une jolie verrine remplace la traditionnelle
baguette pour cet intemporel bien de chez nous.

1   2

3   4

1 • crevettes-St-Morêt-curry-mangue

De belles crevettes décortiquées, du St-Morêt, quelques cubes
de mangue et un trait de curry indien pour cette verrine sucrée-salée
qui ne demande qu'à vous faire voyager…

2 • noix de Saint-Jacques à l'huile de vanille

Une belle gousse de vanille fendue dans la marinade d'huile d'olive,
poivre et sel où les Saint-Jacques barboteront une petite demi-heure
avant de se laisser croquer par des gourmands aux papilles…
raffinées et ravies !

3 • magret fumé, cœurs d'artichaut et vinaigre balsamique

Un rollmops de luxe, où de fines tranches de magret de canard fumé enrubannent
joliment des cœurs d'artichauts marinés…

4 • mozzarella, jambon cru et tomates séchées

L'indémodable trio de saveurs italiennes fera de cette verrine
apéritive un antipasto élégamment détourné.

1 2

3 4

1 • pommes de terre et poissons fumés

Haddocks, truites et maquereaux, fumés puis marinés avec des herbes, des baies ou divers condiments, s'échoueront avec brio sur quelques cubes de pommes de terre impérativement tièdes.

2 • cubes de bœuf façon tartare

Classique mais néanmoins délicieux, c'est dans une verrine que ce tartare de bœuf s'improvise… On le laissera nature ou l'accompagnera de câpres, moutarde et autres condiments, selon les goûts des carnivores présents autour de la table !

3 • tomate, avocat et orange

Dans la série «verrines light pour un buffet d'été», un mélange frais et fruité de tomate, avocat et orange en petits dés, rehaussé d'un trait de jus de citron et trois gouttes d'huile d'olive.

4 • œuf poché aux œufs de saumon

Simplissime, l'œuf poché (il cuit en 1 minute)! Entouré de petits œufs de saumon orangés, il prendra ici une allure de rombière très…

1 • surimi, tzatziki et cacahuètes

Trop souvent reléguées à l'apéritif, les cacahuètes concassées sont
ici les miettes de cette verrine crémeuse et croustillante façon crumble.
C'est chouette !

2 • hommous, purée de carottes et tacos

Le petit côté doux et sucré de la carotte en mousseline s'accorde
délicieusement avec la saveur plus prononcée du pois chiche.
Les tacos apportent à ce mariage très oriental une note épicée.

3 • gaspacho de légumes et glaçons de fruits

Des soupes glacées de légumes mixés associées à des glaçons
de coulis de fruits. Osez les associations atypiques : carotte-ananas,
poivron-framboise, betterave-orange ou, pourquoi pas, concombre-fraise.

4 • duo de taramas et crackers

Jouez avec les différentes couleurs des taramas : rose-cabillaud,
orange-saumon, blanc pour les poissons qui n'ont pas mangé
de petits crustacés. Et un émietté de crackers pour la petite
touche croustillante.

verrines gourmandes

sablés, lemon & ginger

À préparer la veille
Préparation + cuisson
25 minutes
Réfrigération **1 heure**
Pour **6 à 8 verrines**

Sablés
250 g de **beurre** ramolli
180 g de **sucre en poudre**
6 **jaunes d'œufs**
250 g de **farine**
18 g de **levure chimique**
2 pincées de **sel**

Crème au citron
6 **jaunes d'œufs**
3 **œufs**
75 g de **sucre semoule**
115 g de **chocolat blanc**
15 cl de **jus de citron**
110 g de **beurre**
40 g de **gingembre confit**

La pâte sablée : la veille, préparer la pâte sablée : mettre dans un saladier le beurre et le sucre et mélanger énergiquement sans faire fondre, puis ajouter la farine, le sel et la levure. Pétrir et ajouter enfin les jaunes d'œufs, pétrir à nouveau et laisser reposer au froid toute la nuit.

La crème au citron : chauffer le jus de citron à feu doux. Battre les œufs, les jaunes d'œufs et le sucre dans un saladier, puis verser le jus de citron chaud, remettre le mélange à feu doux et cuire jusqu'à épaississement. Hors du feu, incorporer le beurre et le chocolat blanc en morceaux. Réserver au réfrigérateur.

Les biscuits : préchauffer le four à 180 °C. Fariner le plan de travail, étaler la pâte sablée sur une épaisseur de 2,5 mm et tailler des disques à l'aide d'un emporte-pièce ou d'un verre retourné. Les disposer sur une plaque à pâtisserie et cuire à four chaud jusqu'à coloration.

Monter les verrines : quand la crème au citron est bien froide, assembler les verrines : disposer un sablé au fond du verre, puis la crème au citron et le gingembre confit taillé finement, et terminer par un sablé.

Conseil : vous pouvez utiliser, plus simplement, des sablés au beurre achetés dans le commerce. Dans ce cas, le temps de préparation se trouvera diminué.

crumble d'été pommes-fruits rouges

Préparation + cuisson
35 minutes
Réfrigération **25 minutes**
Pour **6 à 8 verrines**

6 **pommes golden**
125 g de **framboises**
60 g de **mûres**
60 g de **myrtilles**
75 g de **sucre semoule**
120 g de **sucre roux**
60 g de **beurre doux**
1 jus de **citron**

Pâte à crumble
100 g de **farine**
100 g de **sucre roux**
  en poudre
100 g de **poudre d'amande**
120 g de **beurre demi-sel**
1 c. à c. de **cannelle**
  en poudre

Les pommes : éplucher, vider et couper les pommes en gros cubes. Dans une casserole, faire fondre le beurre et le sucre roux, ajouter les pommes, remuer et cuire à feu doux à couvert pendant 10 minutes. Débarrasser la compote dans un bac en plastique et mettre au froid.

La pâte à crumble : préchauffer le four à 180 °C. Incorporer dans un saladier tous les ingrédients et le beurre mou. Sabler la pâte du bout des doigts sans la pétrir, puis mettre les miettes de crumble au froid pendant 15 minutes. Faire cuire les miettes de pâte sur une plaque à pâtisserie ou un plat à tarte jusqu'à coloration.

Les fruits rouges : pendant ce temps, mettre dans une casserole le sucre semoule, les fruits rouges et le jus de citron, et faire compoter à feu doux 2 à 3 minutes.

Monter les verrines : alterner dans les verres les couches de pommes et de fruits rouges, ou mélanger ensemble pommes et fruits rouges, et finir, en tout cas, en recouvrant de miettes de crumble.

pommes au miel et pain d'épice

Préparation + cuisson
20 minutes
Pour **6 à 8 verrines**

pommes vertes
  type granny-smith
4 c. à s. de **miel**
40 g de **beurre**
6 tranches de **pain d'épice**

Les pommes : éplucher, épépiner et tailler les pommes en quartiers ou en gros dés. Mettre le miel dans une poêle et faire caraméliser légèrement. Ajouter les pommes et le beurre, remuer et cuire à feu doux 3 à 4 minutes. Laisser refroidir.

Le pain d'épice : tailler le pain d'épice en petits dés, ou en disques en vous aidant d'un emporte-pièce ou d'un verre.

Monter les verrines : avec les petits dés de pain d'épice, réaliser des verrines façon « crumble » ; avec les disques, alterner les couches de pommes et de pain d'épice.

trifle ananas-mangue-passion et tapioca au lait de coco

Préparation + cuisson
35 minutes
Réfrigération **45 minutes**
Pour **6 à 8 verrines**

50 cl de **lait de coco**
25 cl de **lait entier**
75 g de **sucre en poudre**
110 g de **tapioca** (perles)
1 bel **ananas**
2 **mangues**
3 **fruits de la passion**
2 boules de **sorbet passion**
125 g de **sucre roux
en poudre**
4 feuilles de **gélatine**

Pâte à crumble
100 g de **farine**
100 g de **sucre roux
en poudre**
50 g de **poudre d'amandes**
50 g de **poudre de noix
de coco**
120 g de **beurre demi-sel**

Le tapioca au lait de coco : mettre le lait de coco, le lait entier et le sucre en poudre dans une casserole à feu moyen. À ébullition, ajouter le tapioca et cuire tout doucement sans cesser de remuer.
Laisser refroidir.

La pâte à crumble : préchauffer le four à 180 °C. Mettre dans un saladier tous les ingrédients avec le beurre mou et sabler la pâte du bout des doigts sans pétrir. Placer les miettes de crumble au froid pendant 15 minutes. Cuire les miettes sur une plaque à pâtisserie ou un plat à tarte jusqu'à ce qu'elles se colorent.

La compote de fruits : éplucher l'ananas et les mangues, les tailler en gros dés. Chauffer à sec le sucre roux dans une casserole, puis verser les dés d'ananas, cuire 2 à 3 minutes. Ajouter les mangues et les boules de sorbet passion, cuire à nouveau 1 à 2 minutes. Ramollir la gélatine à l'eau froide, puis l'ajouter aux fruits en même temps que la pulpe et les pépins des fruits de la passion. Laisser refroidir.

Monter les verrines : mettre le mélange de fruits au fond du verre puis le tapioca au lait de coco et, juste au moment de servir, les miettes de crumble.

Conseil : vous pouvez servir, à part, un coulis de framboises.

tiramisu

Préparation **30 minutes**
Réfrigération **2 heures**
Pour **6 à 8 verrines**

50 cl de **café**
100 g de **sucre**
18 à 24 **biscuits**
   à la cuillère
1 petit verre d'**amaretto**
3 **œufs**, blancs et jaunes
   séparés
250 g de **mascarpone**
50 g de **sucre**
3 c. à s. de **cacao**
   en poudre

Les biscuits : verser le café tiède dans un bol,
ajouter le sucre et bien mélanger. Tremper les biscuits
dans le café et les disposer dans le fond des verrines
(3 par verrine). Presser du bout des doigts pour
réaliser une couche bien imbibée et uniforme, ajouter
l'amaretto selon votre goût. Mettre les verrines au frais.

La crème de mascarpone : dans un saladier,
fouetter les jaunes avec la moitié du sucre jusqu'à
ce que le mélange blanchisse puis incorporer
le mascarpone énergiquement pour qu'il n'y ait
pas de grumeaux. Dans un autre saladier, monter
les blancs en neige, ajouter le reste du sucre
et fouetter à nouveau pour raffermir les blancs.
Incorporer délicatement à la spatule les blancs
en neige avec le mélange jaunes-sucre-mascarpone.

Monter les verrines : il ne reste plus qu'à remplir
les verrines de cette crème et réserver au froid
pendant au moins 2 heures. Juste avant de servir,
saupoudrer de cacao.

minicrèmes brûlées

Préparation **15 minutes**
Cuisson **1 heure à 1 h 30**
Réfrigération **2 heures**
Pour **12 à 16 verrines**

75 cl de **crème liquide**
25 cl de **lait entier**
8 **jaunes d'œufs**
125 g de **sucre en poudre**
1 c. à s. d'**extrait de vanille**
1 c. à s. d'**extrait de café**
1 c. à s. de **cacao
en poudre**
1 c. à c. d'**arôme pistache**
120 g de **cassonade**

1 **chalumeau à gaz** pour
caraméliser les crèmes

La crème : mettre le lait et la crème à chauffer à feu doux-moyen. Dans un saladier, mélanger énergiquement les jaunes d'œufs et le sucre, puis verser dessus le lait et la crème bouillants et bien mélanger. Répartir la crème obtenue dans quatre saladiers et ajouter dans chacun l'un des quatre arômes. Remplir les verrines avec les différentes crèmes.

La cuisson : cuire au bain-marie à four doux, à 90 °C, dans un plat à gratin rempli d'eau à mi-hauteur, pendant 1 heure à 1 h 30, selon la taille des verrines. Attention la température ne doit pas dépasser 100 °C ! Sitôt les crèmes cuites, les mettre au froid pendant 2 heures au minium.

Au moment de servir, saupoudrer chaque verrine de cassonade et caraméliser à l'aide d'un chalumeau à gaz. Soyez prudent, de façon à ne pas briser le verre.

riz au lait, framboises et spéculos

Préparation + cuisson
35 minutes
Réfrigération **45 minutes**
Pour **6 à 8 verrines**

25 cl de **lait entier**
15 cl de **crème liquide**
90 g de **riz rond**
115 g de **sucre en poudre**
1 gousse de **vanille**
250 g de **framboises**
2 feuilles de **gélatine**
1 paquet de **spéculos**

Le riz au lait : mettre à chauffer le lait, la crème et 60 g de sucre à feu moyen. Rincer le riz à l'eau froide et, juste avant l'ébullition, l'ajouter au mélange crème-lait, ainsi que la gousse de vanille fendue en deux dans la longueur. Cuire à feu doux en remuant souvent pour que le riz n'attache pas au fond de la casserole. Mettre le riz au lait à refroidir dans un récipient en plastique.

Les framboises : pendant ce temps, faire tremper les feuilles de gélatine dans de l'eau froide pour qu'elles ramollissent. Verser dans une casserole les framboises, 75 g de sucre et 2 cuillerées à soupe d'eau. Chauffer légèrement à feu doux, puis ajouter la gélatine et mélanger jusqu'à ce qu'elle soit dissoute. Réserver au froid le riz et les framboises 45 minutes au minimum.

Les spéculos : mixer les spéculos, ou les écraser avec un rouleau à pâtisserie, pour en faire de la chapelure.

Monter les verrines : pour transformer le tout en verrines, disposer au fond de chaque verre une couche de riz au lait, puis une couche de framboises, et terminer par la poudre de spéculos.

marmelade de poires et sablés au chocolat

À préparer la veille
Préparation + cuisson
20 minutes
Réfrigération **3 heures**
Pour **6 à 8 verrines**

5 **poires conférence**
ou **williams**
1 gousse de **vanille**
3 c. à s. de **miel**

Sablés au chocolat
110 g de **sucre glace**
150 g de **beurre** ramolli
1 **jaune d'œuf**
1 **œuf**
170 g de **farine**
30 g de **cacao en poudre**

La pâte sablée au chocolat : la veille, préparer la pâte sablée. Mettre dans un saladier le beurre, le sucre et mélanger énergiquement en pommade, puis ajouter la farine et le cacao. Pétrir et ajouter enfin l'œuf et le jaune d'œuf, pétrir à nouveau et laisser reposer au froid toute la nuit.

La marmelade de poire : éplucher, épépiner et tailler les poires en gros dés. Les cuire à feu moyen avec le miel, un petit verre d'eau et la gousse de vanille fendue en deux pendant 5 à 6 minutes. Mettre au froid.

Les biscuits : préchauffer le four à 180 °C. Fariner le plan de travail, étaler la pâte sablée sur une épaisseur de 2,5 mm et tailler des disques à l'emporte-pièce. Les disposer sur une plaque à pâtisserie et cuire au four pendant 6 à 7 minutes.

Monter les verrines : remplir les verrines avec la marmelade de poires et poser sur le dessus un sablé au chocolat.

Conseil : pour gagner du temps sur la préparation, vous pouvez utiliser des sablés au chocolat achetés dans le commerce, le résultat sera, si ce n'est aussi délicieux, du moins tout autant efficace.

fraises au mascarpone

Préparation **15 minutes**
Réfrigération **20 minutes**
Pour **6 à 8 verrines**

75 g de **müesli aux fruits secs**
300 g de **fraises**
15 cl de **coulis de fraises**
250 g de **mascarpone**
50 g de **fromage blanc**
70 g de **sucre glace**

Les fraises : laver les fraises, les équeuter et les couper en morceaux adaptés à la taille du verre.

Le mascarpone : mettre le mascarpone dans un saladier, avec le fromage blanc et le sucre glace, et fouetter énergiquement.

Monter les verrines : mélanger les morceaux de fraises avec le coulis et répartir entre les verres. Napper de crème de mascarpone, puis réserver au froid. Au moment de servir, ajouter le müesli sur les verrines.

tatin aux bananes, Palmito et crème épaisse

Préparation + cuisson
20 minutes
Réfrigération **20 minutes**
Pour **6 à 8 verrines**

4 **bananes**
200 g de **sucre semoule**
50 g de **beurre doux**
1 paquet de **Palmito**
120 g de **crème épaisse**

Les bananes : éplucher et couper les bananes en rondelles épaisses. Dans une poêle, répartir le sucre, l'arroser d'une cuillerée à soupe d'eau, et chauffer afin d'obtenir un caramel blond. Ajouter alors les bananes et le beurre, et laisser compoter 2 à 3 minutes.

Monter les verrines : une fois refroidies, disposer les bananes et la crème épaisse en couches alternées dans les verrines, en les séparant avec des morceaux de Palmito. Servir aussitôt.

Conseil : vous pouvez donner un côté antillais à cette recette en ajoutant aux bananes un trait de rhum et des raisins secs.

panna cotta aux fruits rouges

Préparation + cuisson
20 minutes
Réfrigération **2 heures**
Pour **6 à 8 verrines**

15 cl de **lait**
15 cl de **crème liquide**
50 g de **sucre roux
en poudre**
2 feuilles de **gélatine**
½ gousse de **vanille**
250 g **fruits rouges
mélangés** (frais ou
surgelés et décongelés)
60 g de **sucre en poudre**

La panna cotta : mettre le lait et la crème à chauffer avec le sucre roux et la vanille et laisser frémir à feu doux pendant 5 minutes. Pendant ce temps, ramollir la gélatine à l'eau froide avant de la dissoudre au mélange crème lait. Remplir les verres de la préparation aux deux tiers et mettre au froid 2 heures au minimum.

Les fruits rouges : dissoudre le sucre avec un peu d'eau dans une casserole, à feu doux, puis ajouter les fruits. Laisser légèrement compoter 1 à 2 minutes. Réserver et laisser refroidir.

Monter les verrines : une fois refroidis, disposer les fruits rouges sur les panna cotta.

délice du Café Noir

Préparation **2 x 15 minutes**
Réfrigération **2 x 30 minutes**
Pour **6 à 8 verrines**

Mousse chocolat-caramel
50 g de **sucre semoule**
10 cl de **crème liquide**
3 **jaunes d'œufs**
120 g de **chocolat noir**
25 cl de **crème liquide**
  pour la chantilly
20 g de **sucre glace**

Mousse chocolat blanc
150 g de **chocolat blanc**
12,5 cl de **crème liquide**
1 feuille de **gélatine**
12,5 cl de **crème liquide**
  pour la chantilly
10 g de **sucre glace**
1 flacon de **sauce** ou de
  glaçage au chocolat noir

La mousse chocolat-caramel : mettre le sucre semoule dans une petite casserole à feu doux, sans eau, afin de le caraméliser, puis ajouter les 10 cl de crème liquide et remettre à feu doux pour dissoudre l'ensemble. Verser la crème au caramel chaude sur les morceaux de chocolat dans un saladier, bien mélanger pour les faire fondre et ajouter les jaunes d'œufs. Monter maintenant les 25 cl de crème liquide et le sucre glace en chantilly, et incorporer délicatement au chocolat-caramel. Remplir les verrines à l'aide d'une cuillère à soupe ou d'une poche à pâtisserie au tiers de leur volume. Mettre au froid.

La mousse chocolat blanc : ramollir la feuille de gélatine dans de l'eau froide. Porter 12,5 cl de crème à ébullition sur feu doux, ajouter la gélatine, puis verser dans un saladier sur le chocolat blanc, mélanger. Monter en chantilly 12,5 cl de crème avec 7 g de sucre glace et incorporer délicatement à la crème au chocolat blanc refroidie. Sortir les verrines et compléter le remplissage aux deux tiers. Remettre au froid.

Monter les verrines : pour terminer le montage des verrines, napper de sauce ou de glaçage au chocolat et remettre au froid.

Pépito café

Préparation **20 minutes**
Réfrigération **1 heure**
Pour **4 à 6 verrines**

48 **Pépito**
50 cl de **café froid**
400 g de **mascarpone**
6 **jaunes d'œufs**
100 g de **sucre en poudre**
5 cl d'**extrait de café**

4 à 6 verrines du diamètre
des Pépito

La crème au café : battre les jaunes d'œufs
et le sucre dans un saladier afin d'obtenir un mélange
homogène et mousseux. Ajouter progressivement
le mascarpone, l'extrait de café et mélanger
énergiquement.

Monter les verrines : dans une assiette creuse
ou un bol, tremper légèrement les Pépito, un par un,
dans le café et garnir le fond de chaque verrine avec
2 biscuits. Garnir une poche à pâtisserie de crème
au café et recouvrir la première couche de biscuits.
Continuer en alternant biscuits et crème. Terminer par
un Pépito. Recouvrir les verrines d'un film alimentaire
et les placer au réfrigérateur 1 heure au moins.

mousse aux marrons et gelée d'orange

Préparation + cuisson
22 minutes
Réfrigération **1 h 30**
Pour **6 à 8 verrines**

Gelée d'orange
25 cl de **jus d'orange**
2 c. à s. de **Grand Marnier**
   ou de **Cointreau**
1 c. à s. de **sucre**
   en poudre
3 feuilles de **gélatine**

Mousse aux marrons
200 g de **crème**
   de marrons
1 feuille de **gélatine**
15 cl de **crème liquide**
1 petite boîte de **marrons**
   au sirop

Décoration (au choix)
poudre de cacao
brisures de marrons
   glacés
corn flakes au chocolat

La gelée d'orange : dans une petite casserole, chauffer à feu doux le jus d'orange avec le sucre. Dissoudre 3 feuilles de gélatine préalablement ramollies à l'eau froide. Ajouter le Grand Marnier ou le Cointreau et laisser refroidir à température ambiante.

La mousse aux marrons : dans une autre petite casserole, mélanger la crème de marrons avec un peu d'eau et chauffer légèrement avant de dissoudre la feuille de gélatine, elle aussi préalablement ramollie à l'eau froide. Remuer soigneusement et laisser refroidir. Au batteur ou à l'aide d'un fouet, fouetter la crème bien froide dans un saladier, comme pour une chantilly. Lorsqu'elle est bien ferme, incorporer délicatement la crème de marrons et enfin les marrons émiettés.

Monter les verrines : garnir de mousse le fond des verrines à l'aide d'une poche à pâtisserie, puis déposer une cuillère de gelée d'orange. Ainsi de suite, en laissant chaque fois durcir la gelée d'orange au réfrigérateur de façon à créer des couches nettes et colorées. Terminer par de la gelée d'orange et mettre au réfrigérateur pour 1 heure minimum. Selon votre inspiration et les moyens du bord, saupoudrer de cacao en poudre, de brisures de marrons glacés et/ou de corn flakes au chocolat. Déguster très frais.

fraises au basilic et limoncello

Préparation + cuisson
20 minutes
Réfrigération **15 minutes**
Pour **6 à 8 verrines**

400 g de **fraises**
1 botte de **basilic**
50 g de **sucre en poudre**
15 cl de **limoncello**
20 cl d'**eau**

Les fraises : laver les fraises, les équeuter et les couper en morceaux adaptés à la taille du verre. Mettre le sucre et l'eau dans une petite casserole et chauffer afin d'obtenir un sirop léger. Hors du feu, ajouter le limoncello et laisser refroidir. Effeuiller et ciseler très finement le basilic, mélanger avec les fraises.

Monter les verrines : répartir le mélange dans les verrines et baigner de sirop au limoncello. Servir bien frais avec une feuille de basilic pour le décor.

framboises melba

Préparation **15 minutes**
Réfrigération **10 minutes**
Pour **6 à 8 verrines**

1 litre de **sorbet**
  de framboises
250 g de **framboises**
40 cl de **coulis**
  de framboises
40 cl de **crème liquide**
2 c. à s. de **sucre glace**
½ gousse de **vanille**
40 g d'**amandes effilées**
cigarettes russes

La chantilly : monter en chantilly la crème bien froide, au batteur ou au fouet. Ajouter le sucre glace, gratter la gousse de vanille, mélanger et réserver au réfrigérateur.

Monter les verrines : déposer quelques framboises au fond de chaque verrine. Recouvrir d'une boule de sorbet. Verser ensuite un peu de coulis. Et ainsi de suite selon la taille des verrines et votre gourmandise. Garnir de chantilly une poche à pâtisserie munie d'une douille cannelée et décorer les verrines. Arroser de petits filets de coulis, déposer une framboise, quelques amandes et une cigarette russe si ça vous chante. Servir aussitôt.

mousse d'abricots au gingembre et au pain d'épice

Préparation + cuisson
25 minutes
Réfrigération **2 heures**
Pour **6 à 8 verrines**

300 g d'**abricots au sirop**
égouttés
1 c. à c. de **gingembre
en poudre**
20 g de **gingembre confit**
5 feuilles de **gélatine**
50 g de **sucre en poudre**
30 cl de **crème liquide**
6 tranches de **pain d'épice**

Les abricots : mixer ensemble les abricots, le sucre et le gingembre, confit et en poudre. Ramollir la gélatine dans de l'eau froide pendant 1 minute. Chauffer à feu doux la moitié du coulis abricots-gingembre. Y dissoudre la gélatine et ajouter le reste du coulis, hors du feu en mélangeant bien. Laisser refroidir.

La mousse : monter la crème liquide, au batteur ou au fouet, comme pour une chantilly, et incorporer délicatement à l'aide d'une spatule le coulis refroidi.

Monter les verrines : tailler le pain d'épice en petits dés, le répartir dans le fond des verrines. Garnir avec la mousse d'abricots et mettre au réfrigérateur pour au moins 2 heures. Décorer, juste avant de servir, d'une tranche de gingembre confit, d'un quartier d'abricot ou bien encore de quelques filets de coulis.

tiramisu framboises-pistaches

Préparation + cuisson
30 minutes
Réfrigération **2 heures**
Pour **6 à 8 verrines**

3 **œufs**, blancs et jaunes
   séparés
250 g de **mascarpone**
80 g de **sucre**
   en poudre
18 à 24 **biscuits**
   à la cuillère
125 g de **framboises**
   fraîches ou surgelées
60 g de **pistaches**
   (épluchées et naturelles)
4 **biscuits sablés**
   au chocolat
1 petit verre d'**amaretto**

Les framboises : écraser légèrement les framboises dans un bol avec 30 g de sucre (en garder quelques-unes pour la déco).

Les biscuits à la cuillère : couper les biscuits à la cuillère en petits morceaux et les disposer dans le fond des verrines. Arroser d'un trait d'amaretto, presser légèrement du bout des doigts et ajouter une couche de framboises écrasées. Réserver les verrines au réfrigérateur.

La crème de mascarpone : dans un saladier, fouetter les jaunes d'œufs avec 25 g de sucre jusqu'à ce que le mélange blanchisse, puis incorporer le mascarpone, énergiquement pour qu'il n'y ait pas de grumeaux. Dans un autre saladier, monter les blancs en neige, ajouter 25 g de sucre et fouetter à nouveau pour raffermir les blancs. Incorporer délicatement, à la spatule, au mélange jaunes-mascarpone.

Monter les verrines : verser la crème obtenue dans les verrines, sur les biscuits à la cuillère et les framboises écrasées. Mettre au froid pour au moins 2 heures. Juste avant de servir, concasser légèrement les pistaches et les sablés au chocolat, en parsemer les verrines et décorer avec quelques framboises.

milk-shake banane-papaye-mangue

Préparation + cuisson
20 minutes
Réfrigération **1 heure**
Pour **6 à 8 verrines**

1 **banane**
3 boules de **glace vanille**
1 petit verre de **lait**
1 **papaye**
1 belle **mangue**
75 g de **sucre**
10 cl de **jus d'ananas**
3 feuilles de **gélatine**

Les fruits caramélisés : éplucher et tailler la papaye et la mangue en petits dés. Mettre le sucre dans un poêlon à feu moyen. Dés qu'il commence à caraméliser, ajouter les fruits. Mélanger puis ajouter le jus d'ananas. Laisser cuire à feu doux environ 7 minutes. Ramollir la gélatine dans de l'eau froide et, hors du feu, l'ajouter aux fruits. Bien mélanger, débarrasser et laisser refroidir. Une fois les fruits bien refroidis, en garnir le fond des verrines et réserver au frais.

Le milk-shake : au moment venu, couper la banane en tranches épaisses dans le mixeur, ajouter la glace et le lait, mixer environ 1 minute afin d'obtenir le milk-shake.

Monter les verrines : verser le milk-shake dans les verrines garnies de fruits et servir aussitôt.

156

pêches en gelée de thé vert

Préparation + cuisson
35 minutes
Réfrigération **1 heure**
Pour **6 à 8 verrines**

4 **pêches**
100 g de **sucre**
50 g de **thé vert** (Matcha)
75 cl d'**eau** pour le sirop
10 feuilles de **gélatine**

Les pêches : faire bouillir de l'eau et y plonger les pêches une à une, pendant moins de 10 secondes (elles se pèleront ainsi beaucoup plus facilement). Les peler. Jeter l'eau, couper les pêches en deux et retirer leurs noyaux.

Le sirop : faire bouillir les 75 cl d'eau avec le sucre. Plonger dedans les demi-pêches. Ajouter le thé vert et laisser cuire à feu moyen 5 minutes environ. Retirer les pêches du sirop au thé et les laisser refroidir.

La gelée : plonger la gélatine dans de l'eau froide pour la ramollir. Filtrer le sirop au travers d'une passoire fine, y dissoudre la gélatine.

Monter les verrines : verser environ 2 cm de gelée dans le fond des verrines et mettre au réfrigérateur. Une fois cette première couche de gelée prise, poser dessus ½ pêche par verrine et verser le reste du sirop au thé légèrement refroidi à température ambiante. Remettre les verrines au réfrigérateur. Servir bien frais.

marmelade de pamplemousses

Préparation + cuisson
15 minutes
Réfrigération **20 minutes**
Pour **6 à 8 verrines**

8 à 10 **pamplemousses**
3 c. à s. de **miel**

Les pamplemousses : peler à vif les pamplemousses. À l'aide d'un couteau, prélever les segments sans la peau. Récupérer tout le jus.

La marmelade : mettre le miel dans une poêle, chauffer à feu moyen pendant 1 à 2 minutes, puis y jeter les segments de pamplemousses et le jus. Laisser mijoter à feu doux 2 minutes environ. Débarrasser et laisser refroidir.

Conseil : moins sucrée que celle aux oranges amères, et à peine cuite, cette marmelade se dégustera telle quelle ou accompagnera subtilement un dessert au chocolat. Ajouter, selon votre goût, un peu de gingembre, de cannelle ou de vanille, et créer des verrines originales, en associant à cette marmelade une boule de glace ou de sorbet.

myrtilles au vin rouge et au romarin

Préparation + cuisson
20 minutes
Réfrigération **45 minutes**
Pour **6 à 8 verrines**

400 g de **myrtilles**
100 g de **sucre**
1 bouteille de **vin rouge**
2 branches de **romarin**

Les myrtilles au vin rouge : mettre le vin et le sucre dans une casserole. Chauffer à feu moyen jusqu'à réduction de moitié du liquide. Ajouter les myrtilles et une branche de romarin. Laisser mijoter à feu doux 2 à 3 minutes, puis débarrasser. Retirer le romarin et laisser refroidir.

Monter les verrines : garnir les verrines de myrtilles, arroser du sirop au vin et décorer avec le romarin restant.

dulce de leche

Préparation + cuisson
1 h 50
Réfrigération **45 minutes**
Pour **6 à 8 verrines**

1 boîte de **lait concentré sucré**
1 assortiment de **biscuits secs**

La caramélisation : placer la boîte de lait concentré, sans l'ouvrir, dans une casserole remplie d'eau et cuire au bain-marie à feu moyen, entre 1 h 30 et 1 h 45 selon la taille de la boîte. Laisser refroidir.

Monter les verrines : au moment de garnir les verrines, ouvrir la boîte, parfumer la confiture de lait au gré de vos envies : vanille, cannelle, gingembre. Servir avec les biscuits.

flan coco-citron vert

Préparation + cuisson
30 minutes
Réfrigération **1 heure**
Pour **6 à 8 verrines**

20 cl de **lait de coco**
1 petite boîte de **lait concentré sucré** (20 cl)
2 **œufs**
2 **jaunes d'œufs**
100 g de **noix de coco râpée**
1 **citron vert**

L'appareil à flan : mettre les œufs et les jaunes dans un saladier, ajouter le lait concentré, le lait de coco et la noix de coco râpée. Laver le citron, râper ¼ du zeste et presser le jus sur la préparation. Bien mélanger l'ensemble.

Monter les verrines : remplir les verrines d'appareil à flan. Les placer dans un plat à gratin rempli d'eau à mi-hauteur et cuire au bain-marie, dans le four préchauffé à 160 °C, pendant 15 à 20 minutes selon la taille des verrines. Laisser refroidir avant de servir.

ananas confit miel-vanille et mascarpone

Préparation + cuisson
25 minutes
Pour **6 à 8 verrines**

Ananas confit
1 bel **ananas** frais
2 c. à s. de **miel**
1 gousse de **vanille**

Crème de mascarpone
250 g de **mascarpone**
4 **jaunes d'œufs**
2 sachets de **sucre vanillé**

L'ananas confit : éplucher et tailler l'ananas en petits cubes. Faire tiédir le miel dans une poêle pendant 2 minutes, puis ajouter les morceaux d'ananas, ainsi que la gousse de vanille, fendue et grattée. Laisser confire à feu doux pendant 7 à 8 minutes, en remuant de temps en temps (les cubes d'ananas doivent prendre une couleur caramel). Débarrasser et laisser refroidir.

La crème de mascarpone : verser les jaunes d'œufs dans un saladier avec le sucre vanillé, fouetter jusqu'à ce que le mélange blanchisse, puis ajouter le mascarpone et battre vigoureusement.

Monter les verrines : à l'aide d'une poche à pâtisserie ou d'une cuillère, garnir le fond des verrines avec la crème de mascarpone et répartir dessus les ananas confits refroidis.

pudding d'agrumes à la brioche

Préparation + cuisson
40 minutes
Réfrigération **1 heure**
Pour **6 à 8 verrines**

4 petites **brioches**
3 **oranges**
2 **pamplemousses**
2 **œufs**
60 g de **sucre**
1 c. à s. rase de **Maïzena**
15 cl de **lait**
10 cl de **crème liquide**

Les agrumes : peler à vif les oranges
et les pamplemousses. Réaliser des segments
des agrumes à l'aide d'un couteau. Conserver
tout le jus.

La brioche : tailler dans les brioches des tranches
d'environ 1 cm d'épaisseur et du diamètre
des verrines.

La crème aux œufs : dans un saladier, battre
ensemble les œufs et le sucre, puis ajouter
la Maïzena et enfin la crème et le lait.

Monter les verrines : disposer une tranche
de brioche au fond de chaque verrine, puis
une couche d'agrumes et arroser d'un peu de jus.
Répéter l'opération pour remplir jusqu'aux trois quarts
et terminer en versant la crème aux œufs, en deux fois,
pour qu'elle pénètre jusqu'au fond.

La cuisson : mettre les verrines dans un plat
à gratin rempli d'eau à mi-hauteur et cuire au four
à 160 °C pendant 20 minutes environ. Laisser refroidir,
placer au réfrigérateur et déguster bien frais.

Conseil : vous pouvez ajouter au jus des agrumes
un trait de Grand Marnier ou de Cointreau pour
imbiber les tranches de brioche.

granité champagne, fraises et biscuits de Reims

Préparation + cuisson
25 minutes
Réfrigération **3 heures**
Pour **6 à 8 verrines**

1 bouteille de **champagne rosé brut**
150 g de **sucre**
500 g de **fraises**
1 paquet de **biscuits roses de Reims**

Le granité : réaliser un sirop avec 15 cl d'eau et le sucre. Porter à ébullition afin de bien dissoudre le sucre et laisser refroidir. Une fois le sirop refroidi, le mélanger au champagne. Verser le mélange dans un récipient large et peu profond et le mettre au congélateur pendant 3 heures au minimum en remuant de temps en temps à l'aide d'une fourchette ou d'un petit fouet, des bords vers le centre pour obtenir de belles paillettes.

Les fraises : pendant ce temps, laver puis équeuter les fraises, les couper en dés et en garnir le fond des verrines.

Les biscuits : du bout des doigts, émietter les biscuits en petits morceaux et recouvrir les fraises. Réserver au frais.

Monter les verrines : au moment de servir, recouvrir les verrines avec le granité et servir aussitôt.

verrines
chocolat

crumble tout chocolat

Préparation **30 minutes**
Cuisson **20 minutes**
Réfrigération **1 h 30**
Pour **6 à 8 verrines**

Pâte crumble au cacao
100 g de **farine**
100 g de **sucre en poudre**
30 g de **cacao en poudre**
70 g de **poudre d'amande**
125 g de **beurre** ramolli

Crème au chocolat
20 cl de **lait**
30 cl de **crème liquide**
70 g de **sucre en poudre**
6 **jaunes d'œufs**
250 g de **chocolat noir
à 58 %**

15 cl de **nappage
au chocolat**

La pâte : malaxer dans un saladier tous les ingrédients de la pâte. Réserver les miettes de crumble au réfrigérateur 20 minutes au moins.

La crème au chocolat : chauffer le lait et la crème liquide dans une casserole à feu moyen. Fouetter énergiquement les jaunes d'œufs et le sucre dans un saladier, puis verser le lait et la crème bouillants sur les œufs battus. Bien mélanger et remettre le tout à feu doux. La crème va légèrement épaissir et napper la spatule mais elle ne doit pas bouillir. Verser la crème chaude sur le chocolat cassé en morceaux et bien mélanger le tout.

Monter les verrines : les remplir aux deux tiers et les placer au froid 1 heure au minimum. Préchauffer le four à 180 °C. Étaler les miettes de crumble sur une plaque à pâtisserie et les cuire 8 minutes environ. À la sortie du four, laisser refroidir les miettes 15 minutes environ. Pendant ce temps, napper les verrines de nappage au chocolat et les remettre au réfrigérateur. Juste avant de les servir, recouvrir les verrines de crumble et les saupoudrer de cacao.

la cage aux Mikado

Préparation **45 minutes**
Réfrigération **1 heure**
Pour **6 à 8 verrines**

Mousse à la banane
3 **bananes**
4 feuilles de **gélatine**
2 x 50 g de **sucre**
   en poudre
le **jus** de 2 **citrons**
5 cl de **rhum brun**
20 cl de **crème liquide**
3 **blancs d'œufs**
1 c. à c. d'**extrait de vanille**
   ou ½ **gousse de vanille**

80 **Mikado** environ
500 g de **crème**
   au chocolat
   (voir recette p. 176)
12 **oursons en guimauve**
40 g de **pâte d'amande**
   (facultatif)
du **colorant jaune**
   et **marron** (facultatif)

La mousse à la banane : ramollir la gélatine dans de l'eau froide. Éplucher les bananes et les mixer avec le jus de citron et 50 g de sucre afin d'obtenir une fine purée. Chauffer légèrement le rhum et y faire fondre la gélatine, puis mélanger à la purée de banane. Battre la crème liquide, au fouet ou au batteur électrique, afin d'obtenir une crème fouettée ferme (comme une chantilly), y ajouter la vanille, puis l'incorporer délicatement à la purée de banane à l'aide d'une spatule. Monter les blancs en neige, au fouet ou au batteur électrique, ajouter le sucre restant et battre à nouveau 1 à 2 minutes. Les incorporer délicatement à la mousse à la banane. Transvaser la mousse à la banane dans un récipient adapté et la réserver au réfrigérateur 1 heure au moins.

Monter les verrines : répartir une couche de crème au chocolat dans le fond des verrines et les réserver au réfrigérateur. (Vous pouvez réaliser cette étape avant de préparer la mousse à la banane et ainsi gagner du temps pour le montage.) Une fois la crème bien figée, planter les Mikado dans les verrines, près de la paroi, en les espaçant de 1 cm environ. Garnir une poche à pâtisserie de mousse à la banane et remplir les verrines aux deux tiers. Vous n'avez plus qu'à mettre les petits oursons dans leur cage, réaliser des petites bananes en pâte d'amande, si vous le souhaitez, et ainsi épater vos invités.

sucettes fondantes au chocolat

Préparation + cuisson
15 minutes la veille
+ 35 minutes
Réfrigération + congélation
3 heures
Pour **15 à 18 sucettes**

Ganache au chocolat
250 g de **chocolat noir**
15 cl de **crème liquide**
50 g de **beurre**
3 gouttes d'**extrait de café**
ou autre (facultatif)

Pâte à frire
175 g de **farine**
175 g de **fécule de pomme
de terre**
1 **œuf**
1 **blanc d'œuf**
un peu d'**eau froide**
1 petit **bain de friture**

Matériel
bacs à glaçons
ou **moules en silicone**
15 à 18 **bâtons à sucette
en bois**

La ganache : elle est à préparer la veille. Dans une casserole, porter la crème liquide à ébullition à feu doux. La verser dans un saladier sur le chocolat cassé en petits morceaux, ajouter le beurre coupé en dés, et bien mélanger pour lisser la ganache. Incorporer l'extrait de café ou autre si vous souhaitez personnaliser la recette. À l'aide d'une cuillère, répartir la ganache dans des bacs à glaçons ou des moules en silicone et placer au congélateur. Surveiller la prise des glaçons et dès qu'ils sont bien figés, planter au centre de chacun d'eux les bâtons en bois, puis remettre au congélateur.

La pâte : réunir dans un saladier la farine, la fécule, l'œuf et le blanc, puis bien les mélanger au fouet afin d'obtenir une pâte homogène un peu épaisse. Ajouter un peu d'eau froide pour la détendre (la pâte doit être coulante mais pas trop, juste ce qu'il faut pour recouvrir finement le glaçon au chocolat). Réserver au froid. Chauffer le bain de friture à feu moyen.

Monter les verrines : démouler les sucettes, les remodeler légèrement avec les mains, si besoin, et les remettre au congélateur. Travailler au fouet la pâte à frire et dès que l'huile est bien chaude, tremper les sucettes, une par une, dans la pâte, puis les plonger chacune 1 à 2 minutes dans le bain de friture, juste pour colorer la pâte et faire fondre la ganache. Servir sans attendre.

chocolat-caramel à l'huile d'olive

Préparation **30 minutes**
Cuisson **20 minutes**
Réfrigération **1 heure**
Pour **6 à 8 verrines**

Mousse
250 g de **chocolat au lait**
10 cl de **lait**
4 **œufs**, blancs et jaunes
   séparés
120 g de **sucre en poudre**

30 **biscuits à la cuillère**

Caramel
200 g de **sucre en poudre**
5 cl d'**huile d'olive**
½ **gousse de vanille**
15 cl d'**eau**

La mousse : dans une casserole, porter le lait
à ébullition à feu doux. Battre les jaunes d'œufs
et la moitié du sucre dans un saladier, puis verser
le lait bouillant et bien mélanger. Remettre à feu doux
et laisser légèrement épaissir (ne pas faire bouillir !).
Verser la crème chaude sur le chocolat cassé
en morceaux et bien mélanger. Laisser refroidir
à température ambiante 30 minutes. Monter les blancs
en neige ferme et incorporer le reste du sucre à la fin,
tout en continuant de battre 2 à 3 minutes. À l'aide
d'un fouet, incorporer un tiers des blancs en neige
à la crème au chocolat, puis les deux tiers restants
à la spatule. Émietter les biscuits à la cuillère, puis
tapisser le fond des verrines sur 1 cm d'épaisseur.
À l'aide d'une poche à pâtisserie ou d'une cuillère,
les garnir d'une couche de mousse au chocolat.
Recommencer ainsi de suite jusqu'à 1 cm du bord.
Mettre les verrines au réfrigérateur 1 heure au moins.

Le caramel : chauffer le sucre et 5 cl d'eau dans
une casserole, à feu moyen. Lorsque le caramel atteint
une jolie coloration, retirer du feu, poser le fond
de la casserole dans l'évier et verser à bout de bras
les 10 cl d'eau restants. Remettre la casserole sur
le feu quelques secondes tout en remuant pour diluer
le caramel. Gratter la gousse de vanille dans le caramel
puis ajouter l'huile d'olive. Juste avant de servir
les verrines, émulsionner le caramel à l'huile d'olive
au fouet ou à l'aide d'un petit mixeur plongeant.
Le caramel liquide se conserve très bien au frais
ou à température ambiante.

mousse au chocolat surprise

Préparation + cuisson
28 minutes
Réfrigération : **1 h 30**
Congélation : **2 heures**
Pour **6 à 8 verrines**

Mousse au chocolat
125 g de **chocolat noir**
30 g de **beurre**
30 g de **crème fraîche**
2 **jaunes d'œufs**
4 **blancs d'œufs**
1 petite c. à s. de **sucre glace**

Glaçons de coulis
15 cl de **coulis de framboises**
15 cl de **coulis d'abricots**
15 cl de **coulis de kiwis**

Les glaçons de coulis : verser les coulis dans des bacs ou sachets à glaçons et mettre au congélateur. La taille des glaçons doit correspondre au diamètre des verrines.

La mousse au chocolat : faire fondre le chocolat et le beurre en morceaux au bain-marie. Incorporer la crème, puis les jaunes d'œufs. Bien mélanger et lisser le tout. Monter les blancs en neige très ferme. Ajouter le sucre en fouettant. Incorporer délicatement au chocolat et mettre au réfrigérateur.

Monter les verrines : sitôt la mousse prise, en garnir une poche à pâtisserie. Déposer au fond de chaque verrine un glaçon de fruits, puis successivement la mousse et les autres glaçons, en alternant coulis et couleurs. Mettre les verrines au réfrigérateur. Les glaçons vont alors fondre gentiment et les coulis seront emprisonnés entre les couches de mousse.

pailleté riz soufflé-deux chocolats

Préparation **35 minutes**
Cuisson **10 minutes**
Réfrigération **1 h 30**
Pour **8 à 12 verrines**

Pailleté
250 g de **riz soufflé**
  au chocolat
  + 125 g pour la déco
400 g de **chocolat noir,
  blanc** ou **au lait**
2 c. à s. d'**huile neutre**

**Mousse choco noir
  et blanc**
50 cl de **lait**
6 **jaunes d'œufs**
20 g de **sucre en poudre**
30 cl de **crème liquide**
200 g de **chocolat noir
  à 55 %** minimum
250 g de **chocolat blanc**

Les mousses : chauffer le lait dans une casserole à feu moyen. Fouetter les jaunes d'œufs et le sucre dans un saladier, puis verser le lait bouillant. Bien mélanger et remettre à feu doux. Le mélange va épaissir légèrement, mais il ne doit surtout pas bouillir. Verser la crème obtenue en la divisant dans deux saladiers : l'un contenant le chocolat noir, l'autre le chocolat blanc cassé en morceaux. Bien mélanger les deux crèmes au chocolat et laisser refroidir à température ambiante quelques minutes. Fouetter la crème liquide en chantilly, puis la diviser en deux et l'incorporer aux deux crèmes au chocolat. Placer les deux mousses au réfrigérateur 1 heure au moins.

Le pailleté : faire fondre à feu doux le chocolat au bain-marie dans l'huile. Incorporer le riz soufflé au chocolat fondu. Étendre un papier sulfurisé sur le plan de travail, verser dessus le mélange chocolaté et étaler légèrement à la spatule. Recouvrir d'une autre feuille de papier sulfurisé, puis, à l'aide d'un rouleau à pâtisserie, étaler le pailleté sans trop insister. Mettre sur une plaque au réfrigérateur. Casser ensuite le pailleté au chocolat de manière à obtenir de longs copeaux irréguliers mais de largeur adaptée aux verrines.

Monter les verrines : placer et maintenir le pailleté au milieu de la verrine et pocher de chaque côté les mousses au chocolat. Tapoter ensuite légèrement le fond du verre sur un torchon pour que le contenu épouse bien la forme du verre. Remettre les verrines au froid 30 minutes au moins et les parsemer de riz soufflé avant de les servir.

la cerise sur la verrine

Préparation **15 minutes**
Cuisson **20 minutes**
Réfrigération **1 h 20**
Pour **8 à 12 verrines**

Crème cuite aux cerises
50 cl de **crème liquide**
10 cl de **lait entier**
6 **jaunes d'œufs**
75 g de **sucre en poudre**
200 g de **cerises** surgelées

Ganache chocolat-cherry
10 cl de **crème liquide**
20 cl de **lait**
5 cl de **liqueur de cerise**
150 g de **chocolat noir
à 55 %**
125 g de **chocolat au lait**

Chantilly aux cerises
50 cl de **crème liquide**
2 à 3 c. à s. de **confiture
de cerise**
12 **cerises à l'eau-de-vie
et au chocolat**

La crème aux cerises : à préparer la veille.
Chauffer le lait à feu moyen. Dans un saladier,
battre énergiquement les jaunes d'œufs et le sucre,
puis incorporer la crème liquide froide. Enfin,
ajouter le lait bouillant et bien mélanger. Réserver
au réfrigérateur 1 heure au moins.

Cuisson des verrines : les garnir de 2 ou 3 cm
de ce mélange crémeux et de quelques cerises
et cuire au bain-marie à 90 °C dans un plat à gratin ou
un moule à manqué pendant 1 h 15 environ. Attention,
la température ne doit pas dépasser 100 °C ! Une fois
cuites, mettre les crèmes au réfrigérateur.

La ganache : chauffer à feu moyen le lait et la crème
liquide jusqu'à ébullition. Verser dans un saladier sur
les deux chocolats cassés en petits morceaux. Bien
mélanger pour diluer le chocolat, incorporer la liqueur
puis remplir le deuxième tiers des verrines avec 1 cm
de ganache environ. Remettre les verrines 1 heure
au réfrigérateur.

La chantilly : battre la crème liquide bien froide
en chantilly assez ferme, puis incorporer délicatement
la confiture à la spatule. À l'aide d'une poche à
pâtisserie, garnir les verrines de chantilly. Décorer
avec les cerises à l'eau-de-vie et au chocolat.

chocolat blanc, fraises et wasabi

Préparation **30 minutes**
Cuisson **10 minutes**
Réfrigération **1 heure**
Pour **6 à 8 verrines**

Mousse au chocolat blanc
300 g de **chocolat blanc**
50 cl de **crème liquide**
2 feuilles de **gélatine**

**Ganache au chocolat
blanc et au wasabi**
140 g de **chocolat blanc**
15 cl de **crème liquide**
15 g de **wasabi en poudre**

Purée de fraises
400 g de **fraises**
40 g de **sucre glace**
le **jus** de ½ **citron**
2 c. à s. d'**eau**

La mousse au chocolat blanc : ramollir la gélatine dans de l'eau froide. Dans une casserole, à feu doux, porter 20 cl de crème liquide à ébullition, y faire fondre la gélatine, puis verser dans un saladier sur le chocolat blanc cassé en petits morceaux. Bien mélanger et laisser tiédir 8 à 10 minutes à température ambiante. Fouetter le reste de crème liquide en chantilly, puis l'incorporer délicatement à la crème au chocolat blanc.

La ganache : mélanger la crème liquide et le wasabi dans une casserole, à feu moyen, et porter à ébullition. Verser dans un petit saladier sur le chocolat blanc cassé en petits morceaux et bien mélanger pour lisser la ganache.

Les fraises : laver, puis équeuter les fraises. Les couper en petits morceaux et les écraser légèrement à l'aide d'une fourchette dans un petit saladier avec le sucre glace, le jus de citron et l'eau afin d'obtenir une marmelade un peu liquide.

Monter les verrines : garnir les verrines au tiers de leur volume de mousse au chocolat blanc, puis les mettre au réfrigérateur 40 minutes au moins en attendant de préparer la ganache. Ensuite, les garnir d'une fine couche de ganache et les remettre au réfrigérateur 20 minutes. Juste avant de servir les verrines, les napper généreusement de purée de fraises.

190

chocolat au lait et framboises

Préparation + cuisson
36 minutes
Réfrigération **1 h 15**
Pour **8 à 12 verrines**

**Mousse au chocolat au lait
et aux framboises**
350 g de **chocolat au lait**
40 cl de **crème liquide**
15 cl de **lait**
100 g de **framboises**

36 **biscuits roses de Reims**
10 cl de **sirop** ou de **crème
de framboise**
10 cl d'**eau**

Décoration
framboises fraîches,
copeaux de chocolat
et/ou un peu de **coulis
de framboise**

La mousse : dans une casserole, porter à ébullition
le lait et 10 cl de crème liquide, à feu moyen. Verser ce
mélange bouillant dans un petit saladier sur le chocolat
au lait cassé en petits morceaux. Bien mélanger,
puis incorporer les framboises, en fouettant, pour bien
lisser le mélange. Laisser tiédir à température ambiante
15 minutes environ. Battre les 30 cl de crème liquide
bien froide en chantilly, puis l'incorporer délicatement
à la spatule au mélange chocolaté. Dans un bol,
mélanger le sirop de framboise et l'eau.

Monter les verrines : tremper les biscuits, un à un,
dans ce sirop, puis chemiser le fond des verrines.
À l'aide d'une poche ou d'une cuillère, les garnir
de mousse chocolat-framboise. Mettre au froid
30 minutes au moins à chaque fois. Décorer de
framboises fraîches, de copeaux de chocolat et/ou de
coulis de framboise afin de personnaliser vos verrines.

le rouge et le noir

Préparation **30 minutes**
Cuisson **20 minutes**
Réfrigération **2 heures**
Pour **6 à 8 verrines**

Le rouge
250 g de **fraises**
100 g de **groseilles**
150 g de **framboises**
20 cl de **coulis
de framboise**
3 feuilles de **gélatine**

Le noir
300 g de **chocolat noir
à 55 %**
30 cl de **lait**
30 cl de **crème liquide**
80 g de **sucre en poudre**
7 **jaunes d'œufs**

Le rouge : laver, puis équeuter les fraises. Les couper
en petits dés et les mélanger aux groseilles égrappées
et aux framboises. Ramollir la gélatine dans de l'eau
froide. Dans une petite casserole, chauffer à feu doux
le coulis de framboises puis y dissoudre la gélatine
hors du feu. Verser le coulis sur les fruits rouges et
mélanger délicatement. Garnir les verrines de rouge
à la moitié de leur volume à l'aide d'une cuillère, puis
les mettre au réfrigérateur 30 à 40 minutes. (Pour créer
la séparation en diagonale et en hauteur comme sur
la photo, incliner et stabiliser les verrines sur un plat
à rebord rempli de farine avant de les mettre au froid.)

Le noir : chauffer le lait et la crème liquide dans
une casserole, à feu moyen. Fouetter les jaunes
d'œufs et le sucre dans un saladier, puis verser
le lait et la crème bouillants. Bien mélanger
et remettre à feu doux comme pour une crème
anglaise. La crème va épaissir légèrement et napper
la spatule, mais elle ne doit pas bouillir. Verser la crème
chaude sur le chocolat cassé en morceaux et bien
mélanger l'ensemble.

Monter les verrines : Remplir ensuite les verrines
de noir et les remettre au froid 1 h 30 au moins.
Vous pouvez décorer les verrines avec un peu de pâte
à crumble colorée en rouge comme sur la photo.

banane, chocolat et pralin cacahuètes

Préparation **30 minutes**
Cuisson **30 minutes**
Réfrigération **1 h 30**
Pour **6 à 8 verrines**

4 **bananes**
100 g de **sucre en poudre**
125 g de **cacahuètes pralinées**
15 cl de **crème liquide**
1 c. à s. de **crème épaisse**
20 cl de **lait**
50 g de **chocolat au lait**
150 g de **chocolat noir à 58 %**
3 **jaunes d'œufs**

Les bananes : éplucher les bananes et les couper en rondelles épaisses. Répartir 50 g de sucre dans une poêle, chauffer à feu moyen et, dès qu'il commence à caraméliser, disposer la moitié des bananes, une par une, puis les colorer 30 secondes sur chaque face. Réserver les bananes bien à plat sur une assiette. Recommencer avec le sucre et les bananes restants.

La crème aux deux chocolats : chauffer le lait et les deux crèmes dans une casserole à feu moyen jusqu'à ébullition. Verser sur les deux chocolats cassés en petits morceaux. Bien mélanger afin de lisser la crème, puis incorporer les jaunes d'œufs.

Monter les verrines : tapisser soigneusement le fond des verrines de rondelles de bananes caramélisées. Verser la crème aux deux chocolats aux deux tiers des verrines. Réserver les verrines au réfrigérateur 1 h 30 au minimum afin de laisser prendre la crème. À l'aide d'un rouleau à pâtisserie, concasser grossièrement les cacahuètes pralinées, puis parsemer sur les verrines juste avant de les déguster.

chocolat et thé vert

Préparation + cuisson
45 minutes
Réfrigération **1 h 30**
Pour **6 à 8 verrines**

Crème au chocolat
500 g de **chocolat noir
à 50-55 %**
40 cl de **lait**
60 cl de **crème liquide**
130 g de **sucre en poudre**
12 **jaunes d'œufs**

Sirop au thé vert
1 litre d'**eau minérale**
140 g de **sucre en poudre**
30 g de **poudre de thé vert**
4 feuilles de **gélatine**

24 **biscuits à la cuillère**

Matériel
1 **siphon** (50 cl)
  + **cartouche de gaz**

La crème au chocolat : chauffer le lait et la crème liquide dans une casserole, à feu moyen. Fouetter énergiquement les jaunes d'œufs et le sucre dans un saladier, puis verser le lait et la crème bouillants. Bien mélanger et remettre à feu doux comme pour une crème anglaise. La crème va légèrement épaissir et napper la spatule, mais elle ne doit surtout pas bouillir. Verser la crème chaude sur le chocolat cassé en morceaux et bien mélanger. Réserver à température ambiante.

Le sirop au thé vert : chauffer l'eau et le sucre jusqu'à ébullition. Retirer du feu, puis diluer la poudre de thé vert. Ramollir la gélatine dans de l'eau froide. Prélever un quart du sirop au thé vert et y dissoudre la gélatine. Réserver à température ambiante.

Monter les verrines : couper les biscuits à la cuillère en petits morceaux et disposer une première couche dans le fond des verrines. Arroser de sirop au thé vert (non gélifié) et presser du bout des doigts. Verser une couche de crème au chocolat, puis placer au réfrigérateur 30 minutes environ. Recommencer avec une deuxième couche de biscuits et de crème au chocolat. Mettre au réfrigérateur à nouveau 30 minutes. Une fois les verrines bien figées, verser un petit centimètre de sirop contenant la gélatine et les remettre au réfrigérateur. Juste avant de les servir, utiliser le sirop de thé vert restant et, à l'aide d'un siphon et d'une cartouche de gaz, émulsionner le sirop et décorer les verrines.

le puits d'amour

Préparation **45 minutes**
Cuisson **30 minutes**
Réfrigération **45 minutes**
Pour **6 à 8 verrines**

Marmelade de poire
15 **poires** pochées
4 **fruits de la passion**
70 g de **sucre en poudre**
3 boules de **sorbet**
  à la passion
75 g de **cassonade**
  (facultatif)

Crème chiboust au cacao
50 cl de **lait**
20 cl de **crème liquide**
80 g de **sucre en poudre**
8 **jaunes d'œufs**
40 g de **Maïzena**
4 feuilles de **gélatine**
30 g de **cacao en poudre**
125 g de **sucre glace**
4 **blancs d'œufs**

La marmelade : couper et réserver 8 à 12 « têtes »
de poires pochées, puis détailler le reste en gros dés.
Chauffer à sec le sucre dans une casserole jusqu'à
légère caramélisation, puis ajouter les cubes de poires
et cuire à feu moyen 5 à 6 minutes. Ajouter le sorbet,
la pulpe et les pépins des fruits de la passion, cuire
6 à 8 minutes, en remuant. Transvaser la marmelade
dans un récipient adapté et laisser refroidir.

La crème chiboust : ramollir la gélatine dans de l'eau
froide. Dans une casserole, porter à ébullition le lait
et la crème liquide, à feu moyen. Pendant ce temps,
fouetter énergiquement dans un saladier les jaunes
d'œufs et le sucre, puis incorporer la Maïzena et
le cacao. Verser le lait et la crème bouillants, bien
mélanger, puis remettre le tout à feu doux, sans cesser
de remuer, 5 à 7 minutes. Transvaser la crème dans
un saladier pour arrêter la cuisson et y faire fondre
la gélatine. Monter les blancs d'œufs en neige ferme
et incorporer le sucre glace à la fin, tout en continuant
de les battre quelques minutes pour les « meringuer ».
Les incorporer délicatement à la crème encore
chaude.

Monter les verrines : à l'aide d'une cuillère, répartir
la marmelade dans les verrines, à peu près au tiers de
leur volume. À l'aide d'une poche à pâtisserie, garnir
les verrines de crème chiboust, disposer les « têtes »
de poires en les faisant dépasser, puis ajouter un peu
de crème autour. Réfrigérer 45 minutes au minimum.

choco mint

Préparation + réfrigération
50 minutes
Cuisson **10 minutes**
Pour **8 à 12 verrines**

Crème chocolat-menthe
150 g de **chocolat noir**
  à 70 %
15 cl de **crème liquide**
15 cl de **lait**
2 **jaunes d'œufs**
2 cl de **liqueur** ou de **sirop**
  de menthe

Glaçage blanc à la menthe
125 g de **chocolat blanc**
5 cl de **crème liquide**
2 cl de **liqueur**
  ou de **sirop de menthe**

Montage et décoration
125 g de **fèves** ou
  de **dragées au chocolat**
15 cl de **liqueur** ou
  de **sirop de menthe**
8 à 12 **feuilles de menthe**
200 g de **chocolat noir**
1 c. à s. d'**huile neutre**

La crème chocolat-menthe : chauffer le lait dans une casserole à feu moyen jusqu'à ébullition. Le verser dans un saladier sur le chocolat cassé en petits morceaux. Bien mélanger, puis incorporer les jaunes d'œufs et la liqueur de menthe. Laisser tiédir. Fouetter la crème liquide, puis l'incorporer à la spatule au mélange chocolat-menthe. Réserver la crème au froid.

Le glaçage : chauffer la crème liquide et la liqueur de menthe dans une casserole à feu moyen. Verser dans un saladier sur le chocolat blanc cassé en petits morceaux. Mélanger et réserver à température ambiante. Faire fondre les 200 g de chocolat noir au bain-marie dans un peu d'huile.

Monter les verrines : répartir dans le fond des verrines quelques dragées au chocolat, puis les arroser à hauteur de liqueur de menthe. Garnir un cornet en papier de chocolat noir fondu faire couler en filets pour créer une séparation et emprisonner la liqueur. Mettre les verrines au froid quelques minutes pour figer le chocolat. Remplir une poche à pâtisserie de crème chocolat-menthe, puis garnir les verrines de crème jusqu'à 0,5 cm du bord environ, puis les remettre au froid. À l'aide d'un petit pinceau, badigeonner les feuilles de menthe, de chaque côté, de chocolat fondu. Les disposer sur un plat recouvert de film alimentaire et les faire durcir au réfrigérateur. Tiédir le glaçage blanc à la menthe et napper les verrines. Les réserver au froid. Au moment de servir, les décorer avec les feuilles de menthe enrobées de chocolat.

choco-citron

Préparation **20 minutes**
Réfrigération **1 heure**
Cuisson **10 minutes**
Pour **8 à 10 verrines**

20 cl de **jus de citron**
150 g de **chocolat blanc**
6 **jaunes d'œufs**
3 **œufs** entiers
80 g de **sucre en poudre**
90 g de **beurre doux**
20 cl de **crème liquide**

175 g de **chocolat noir**
quelques gouttes d'**huile
neutre**

La mousse citron-chocolat blanc : chauffer le jus
de citron à feu doux dans une casserole. Pendant
ce temps, battre les jaunes d'œufs, les œufs entiers
et le sucre dans un saladier, puis verser le jus de citron
chaud. Remettre le mélange à feu doux et chauffer
jusqu'à épaississement, sans cesser de remuer
à la spatule pour éviter que la crème attache au fond
de la casserole. Hors du feu, incorporer le beurre et
le chocolat blanc en petits morceaux, bien mélanger
et mettre la crème dans un bac en plastique couvert,
puis réserver au réfrigérateur. Fouetter la crème liquide
jusqu'à ce qu'elle soit ferme. Lorsque la crème
au citron est bien froide, l'incorporer délicatement
à la crème fouettée.

Le chocolat : faire fondre le chocolat noir au bain-
marie ou au micro-ondes, à feu doux, dans quelques
gouttes d'huile.

Monter les verrines : garnir une poche à pâtisserie
de mousse choco-citron, puis disposer une première
couche dans le fond des verrines. Garnir un cornet
en papier de chocolat noir fondu, ou à l'aide d'une
petite cuillère, faire couler de minces filaments sur
la première couche et légèrement sur les parois des
verrines. Ajouter une deuxième couche de mousse
et de chocolat et ainsi de suite jusqu'en haut des
verrines. Mettre au réfrigérateur et déguster ces
verrines bien froides.

croc et choc'orange

Préparation **30 minutes**
Cuisson **12 minutes**
Réfrigération **40 minutes**
Pour **8 à 12 verrines**

Crème chocolat-orange
80 g de **chocolat noir**
  à 70 %
150 g de **chocolat au lait**
50 g de **beurre**
20 cl de **crème liquide**
8 cl de **jus d'orange**
2 cl de **liqueur d'orange**

Croc'choc
200 g de **cigarettes russes**
  ou de **crêpes dentelle**
250 g de **chocolat noir**
50 g de **oranges confites**
  ou d'**orangettes**
  + 50 g pour la décoration

La crème chocolat-orange : chauffer la crème liquide, le jus d'orange et le beurre coupé en petits morceaux dans une casserole jusqu'aux premiers frémissements. Verser ce mélange dans un saladier sur les deux chocolats cassés en petits morceaux et bien mélanger au fouet afin de lisser la crème, puis incorporer la liqueur d'orange. Transvaser la crème dans un récipient adapté et réserver au réfrigérateur.

Les croc'choc : faire fondre le chocolat cassé en petits morceaux au bain-marie. Pendant ce temps, émietter les biscuits, sans trop insister, afin d'obtenir des petites paillettes, puis hacher finement les oranges confites. Réunir ces ingrédients dans un saladier, puis verser le chocolat fondu et mélanger délicatement à l'aide d'une spatule. Chemiser un plat ou une plaque allant au réfrigérateur de papier sulfurisé, puis, à l'aide d'une petite cuillère, prélever de petites quantités de biscuit chocolaté et les disposer soigneusement sur la plaque (attention au diamètre des verrines). Laisser prendre les croc'choc au réfrigérateur.

Monter les verrines : disposer un croc'choc dans le fond de chaque verrine. Travailler légèrement la crème chocolat-orange à la spatule afin de la rendre plus onctueuse et faciliter le montage. À l'aide d'une poche à pâtisserie ou d'une petite cuillère, garnir les verrines d'une couche de crème. Les réserver au réfrigérateur. Juste avant de servir les verrines, ajouter les croc'choc restants et décorer avec des orangettes et/ou du chocolat fondu.

meringue, chocolat et pommes

Préparation + cuisson
1 heure
Réfrigération **2 x 30 minutes**
Pour **6 à 8 verrines**

Gelée de pomme
50 cl de **jus de pomme**
de bonne qualité
7 feuilles de **gélatine**
125 g de **sucre**

Mousse au chocolat
150 g de **chocolat**
4 **œufs**, blancs et jaunes
séparés
1 c. à s. de **calvados**

Meringue aux pommes
4 **blancs d'œufs**
100 g de **sucre**
1 kg de **pommes**

15 **biscuits à la cuillère**

La gelée : ramollir la gélatine dans de l'eau froide. Chauffer le jus de pomme dans une casserole jusqu'à ébullition. Faire fondre la gélatine, bien mélanger hors du feu. Verser 2 cm environ de gelée dans le fond des verrines. Les mettre au réfrigérateur. Éplucher, évider, puis couper les pommes en petits dés. Cuire les dés de pommes au micro-ondes, par petites quantités, sur une assiette recouverte de film alimentaire ou dans une casserole contenant un peu d'eau quelques minutes, juste pour les attendrir. Diviser les pommes en deux et réserver au frais.

La mousse au chocolat : faire fondre doucement le chocolat au bain-marie. Ajouter le calvados, puis les jaunes d'œufs, un par un. Monter les blancs en neige et les incorporer délicatement au mélange chocolaté à l'aide d'une spatule.

La meringue : monter les blancs en neige, ajouter le sucre et battre à nouveau 1 à 2 minutes. Incorporer délicatement le reste de pommes à la meringue à l'aide d'une spatule.

Monter les verrines : émietter les biscuits à la cuillère, parsemer les verrines puis répartir soigneusement la moitié des pommes. À l'aide d'une poche à pâtisserie, les garnir de mousse au chocolat jusqu'à 1 ou 2 cm du bord. Mettre les verrines au réfrigérateur pendant 30 minutes, puis les garnir jusqu'en haut de meringue et lisser la surface à l'aide d'une spatule en métal. Caraméliser la surface avec un chalumeau, à petite flamme.

milk-shake pistache-chocolat et griottes

Préparation + cuisson
20 minutes
Réfrigération **1 heure**
Pour **6 à 8 verrines**

2 boules de **glace
au chocolat blanc**
4 boules de **glace pistache**
30 cl de **lait**
200 g de **griottes surgelées**
60 g de **sucre en poudre**
70 g de **pépites
au chocolat noir**

Les griottes : cuire les griottes et le sucre
à feu doux, pendant 8 à 10 minutes en remuant
de temps en temps. Réserver la marmelade obtenue
au réfrigérateur.

Le milk-shake : Mettre les boules de glace, le lait
et la moitié des pépites au chocolat dans le bol
du blender, mixer 1 minute environ.

Monter les verrines : tapisser le fond des verrines
avec un peu de marmelade aux griottes, puis répartir
le milk-shake. Saupoudrer avec le reste de pépites
au chocolat et servir sans attendre.

charlotte au chocolat

Préparation + cuisson
55 minutes
Réfrigération **3 heures**
Pour **6 à 8 verrines**

24 **biscuits à la cuillère**
400 g de **chocolat noir
pâtissier**
20 cl de **crème liquide**
très froide
100 g de **beurre**
4 **œufs**, blancs et jaunes
séparés
1 c. à s. de **sucre glace**

La mousse au chocolat : faire fondre 250 g de chocolat en morceaux dans un saladier au bain-marie sur feu doux. Une fois le chocolat fondu, le lisser avec une spatule en bois. Ajouter, peu à peu et en remuant, le beurre coupé en petits morceaux, puis les jaunes d'œufs, l'un après l'autre. Retirer la casserole du feu, bien mélanger pour que la crème soit fine et brillante puis laisser refroidir à température ambiante. Monter les blancs en neige en ajoutant le sucre glace à la fin ; fouetter à nouveau pour les raffermir. Battre la crème liquide comme pour une chantilly. Incorporer d'abord les blancs en neige au chocolat, puis la crème fouettée afin d'obtenir un mélange lisse et homogène.

Les filaments de chocolat : faire fondre les 150 g restants du chocolat au bain-marie, comme précédemment. Après avoir recouvert un plat de film alimentaire, faire couler le chocolat fondu à l'aide d'une cuillère, en l'agitant pour tracer de grands dessins abstraits. Mettre au réfrigérateur.

Monter les verrines : couper les biscuits en fonction de la hauteur des verrines. En tapisser les bords et le fond avant de garnir avec la mousse au chocolat. Mettre au réfrigérateur. Avant de servir, décoller les charlottes et disposer élégamment quelques filaments de chocolat sur le sommet des verrines.

sapin de Noël aux Smarties

Préparation + cuisson
30 minutes
Réfrigération **1 heure**
Pour **6 à 8 verrines**

6 à 8 **cornets de glaces**
ou 18 à 24 **gavottes**
250 g de **chocolat noir**
1 tube de **Smarties**

Crème chocolat
20 cl de **lait**
30 cl de **crème liquide**
65 g de **sucre en poudre**
7 **jaunes d'œufs**
250 g de **chocolat noir**

La crème au chocolat : chauffer le lait et la crème dans une casserole à feu moyen. Fouetter les jaunes d'œufs et le sucre dans un saladier, puis verser dessus le lait et la crème bouillants. Mélanger et remettre à feu doux comme une crème anglaise sans qu'elle ne bout puis la verser sur 250 g de chocolat noir en morceaux, tourner avec une spatule pour dissoudre le chocolat et remplir les verrines (attention, le diamètre du verre doit être légèrement supérieur à celui des cornets de glace). Mettre au froid 1 heure au minimum.

Le chocolat noir : faire fondre les 250 g de chocolat noir restants au bain-marie et, à l'aide d'un pinceau, en recouvrir les cornets de glace ou les gavottes (pour celle-ci, les assembler par trois, de façon à former une pyramide).

Décorer les sapins : coller les Smarties entiers ou en morceaux afin de décorer vos « sapins ». Mettre au froid quelques minutes pour que le chocolat durcisse.

Monter les verrines : au moment de servir, poser délicatement les sapins sur les verrines.

irish coffee choc

Préparation + cuisson
35 minutes
Réfrigération **1 h 30**
Pour **8 verrines**

12 cl de **lait**
4 **jaunes d'œufs**
125 g de **sucre semoule**
5 feuilles de **gélatine**
75 cl de **crème liquide**
1 c. à s. d'**extrait de café**
1 petit verre de **whisky**
150 g de **chocolat noir**
quelques **grains de café
en chocolat** (facultatif)
ou du **café en poudre**

La crème anglaise : chauffer le lait à feu doux.
Pendant ce temps, dans un saladier, mélanger
énergiquement les jaunes d'œufs et le sucre, et mettre
les feuilles de gélatine à ramollir dans de l'eau froide.
Une fois le lait chaud, le verser sur le mélange œufs-
sucre, bien mélanger jusqu'à dissolution et remettre
la crème à feu doux (attention, la crème ne doit pas
bouillir !). Tourner avec une spatule en bois jusqu'à
ce que la crème nappe la spatule, alors retirer du feu,
ajouter la gélatine, puis l'extrait de café et le whisky
et laisser refroidir.

Les disques de chocolat : faire fondre le chocolat
noir au bain-marie et, à l'aide d'une cuillère à soupe,
former sur une feuille de papier sulfurisé des petits
disques de chocolat du diamètre des verrines
(compter 2 ou 3 disques par verrine). Mettre au froid.

La crème café-whisky : quand le chocolat a bien
durci, monter en chantilly la crème liquide, au fouet
ou au batteur, en réserver le tiers au froid et incorporer
délicatement le reste à la crème café-whisky refroidie.

Monter les verrines : pour garnir les verrines, disposer
une couche de mousse café-whisky, puis un disque
de chocolat, et ainsi de suite selon la taille des verrines.
Mettre au froid 1 h 30 au minimum et, au moment
de servir, terminer avec une cuillerée de crème
chantilly, des grains de café en chocolat ou
du café en poudre.

truffes glacées à la lavande

Préparation + cuisson
25 minutes
Congélation **2 h 30**
Pour **6 à 8 verrines**

350 g de **chocolat au lait**
200 g de **chocolat noir**
50 g de **beurre doux**
25 cl de **lait**
5 g de **lavande**
cacao en poudre

Les truffes à la lavande : chauffer le lait à feu moyen. Dès les premiers frémissements, retirer du feu et ajouter la lavande, laisser infuser hors du feu 2 à 3 minutes. À l'aide d'une passoire fine, filtrer ce mélange sur les deux chocolats et le beurre détaillés en petits morceaux. Bien mélanger pour lier l'ensemble.

Monter les verrines : répartir la moitié de la crème chocolat-lavande, à mi-hauteur dans les verrines, et l'autre moitié dans des alvéoles de la toile siliconée. Mettre le tout au congélateur pendant 2 h 30. Quelques minutes avant de servir, démouler les alvéoles, puis déposer délicatement les dômes sur les verrines pour donner l'illusion d'une truffe. Saupoudrer de cacao à l'aide d'une passoire fine.

chocolat blanc et agrumes

Préparation + cuisson
35 minutes
Réfrigération **1 heure**
Pour **6 à 8 verrines**

Mousse au chocolat blanc
300 g de **chocolat blanc**
50 cl de **crème liquide**
2 feuilles de **gélatine**

7 belles **oranges**
5 **citrons verts**
6 **pamplemousses**
24 **biscuits à la cuillère**
3 feuilles de **gélatine**

La mousse au chocolat blanc : ramollir la gélatine dans de l'eau froide. Dans une casserole, à feu doux, porter 20 cl de crème liquide à ébullition, y faire fondre la gélatine, puis verser dans un saladier sur le chocolat blanc cassé en petits morceaux. Bien mélanger et laisser tiédir 8 à 10 minutes à température ambiante. Fouetter le reste de crème liquide en chantilly, puis l'incorporer délicatement à la crème au chocolat blanc.

Les agrumes : à l'aide d'un petit couteau, peler les agrumes à vif, puis prélever des segments entre les membranes blanches en prenant soin de récupérer le jus dans 3 récipients distincts. Couper les segments d'agrumes en petits morceaux et les ajouter à leur jus, sauf pour les pamplemousses.

Monter les verrines : émietter les biscuits à la cuillère et disposer une première couche dans le fond des verrines, puis recouvrir de jus et de pulpe d'orange avec une cuillère. Recouvrir de mousse au chocolat blanc sur 2 cm environ et mettre au réfrigérateur juste le temps que la mousse prenne. Ramollir la gélatine dans de l'eau froide. Pendant ce temps, chauffer légèrement le jus de pamplemousse, y faire fondre la gélatine, puis ajouter la pulpe. Réserver. Recommencer avec les biscuits, le jus et la pulpe de citron vert et une dernière couche de mousse au chocolat. Napper les verrines de gelée de pamplemousse et les mettre au réfrigérateur 20 minutes au moins.

anglaise au chocolat et fruits givrés

Préparation + cuisson
20 minutes
Réfrigération **1 heure**
Pour **6 à 8 verrines**

25 cl de **lait**
25 cl de **crème liquide**
90 g de **sucre**
6 **jaunes d'œufs**
3 c. à s. de **cacao
en poudre**
125 g de **framboises**
2 **bananes**
2 **poires**

La crème anglaise : mettre le lait et la crème à chauffer à feu moyen. Dans un saladier, battre les jaunes d'œufs et le sucre jusqu'à ce que le mélange blanchisse, puis ajouter le cacao et bien mélanger. Verser la crème et le lait bouillant sur le mélange œuf-sucre-cacao, bien mélanger et remettre la préparation dans la casserole sur feu doux. Mélanger sans cesse avec une cuillère en bois pendant environ 3 à 4 minutes (attention, la crème ne doit pas bouillir, elle doit épaissir et napper la cuillère). Débarrasser la crème dans un récipient en plastique et laisser refroidir.

Les fruits : éplucher, tailler les bananes et les poires en cubes. Mettre tous les fruits au congélateur pendant environ 45 minutes avant de servir.

Monter les verrines : verser la crème anglaise bien froide dans les verrines, ajouter les fruits givrés et servir aussitôt.

kits sucrés

1 • litchis au lait de coco et gingembre

Des litchis au sirop, un nappage de lait de coco
et du gingembre tranché en fines lamelles
font une verrine asiatique chic et choc !

2 • Bounty banane

Tranches de Bounty, rondelles de bananes
et crème glacée noix de coco feront
un « Banana split » tout à fait insolite !

3 • Tagada cheese

Petits cubes de fraises Tagada dans un fromage blanc
au coulis de fraises. Régressif ? Et alors… tout le monde adore !

4 • Mikado, fruits frais
et crème au chocolat

Les fameux biscuits deviennent ici les pics à brochettes
d'une fondue chocolatée, à laquelle grands
et petits auront du mal à résister !

1

2

3

4

1 • forêt-noire au brownie

Plus la peine de passer l'après-midi en cuisine pour une verrine.
C'est un peu de la triche, mais je vous parie que cette «forêt-noire»
si vite prête sera plus vite encore dévorée!

2 • cookies, crème vanille et caramel

Des couches de crème vanille et de caramel (ou même
de chocolat, si le cœur vous en dit) séparées à chaque fois
par un cookie… Un cheese-cake très peu orthodoxe,
prêt en un temps trois mouvements et digne du livre des records.

3 • orange, cannelle et sablé breton

Libre adaptation de la soupe d'oranges marocaine (pelées
puis découpées en fines tranches, leur jus parfumé avec
de la cannelle). Pas très oriental, le sablé breton,
mais pourquoi pas laisser un peu souffler le vent d'ouest ?

4 • petite madeleine « façon baba »

Une madeleine en guise de baba sage, trempée dans du jus
de fruits et du rhum car point trop n'en faut. Je le faisais,
étant petit, mais sans le rhum, bien entendu.

1   2

3   4

1 • faisselle, raisins noirs, crème de cassis

Dessert ultraléger au terme d'un bon dîner, l'association
de la faisselle, des raisins frais et de la crème de cassis
s'accommodera aussi très bien d'un dernier verre de vin…

2 • guimauve, fruits frais et coulis

Régressif, la guimauve, me direz-vous !
Mais je vous vois déjà promptement rectifier
la liste de vos prochaines courses.

3 • petit-suisse, crème de marron et cigarettes russes

Crémeux du petit-suisse, douceur de la crème
de marrons et croustillant des cigarettes russes :
tout ça dans une verrine !

4 • crème au café et éclats de nougat

PS : Le nougat, on le trouve au même rayon
que les marshmallows, si vous voyez ce que je veux dire…

1   2

3   4

1 • yaourt, confiture et muesli

Trop souvent relégué au petit déjeuner ou au brunch dominical,
ce mélange communément matinal fait aussi un dessert original.

2 • petit suisse arlequin

Quand cuisiner devient un jeu d'enfant, ce trifle
simplissime ravira à la fois petits et grands.

3 • melon à l'anis

Quelques morceaux de melon mixés, un trait de pastis
et ce gaspacho anisé s'invite pour le dessert !

4 • café liégeois à l'amaretto

Une boule de glace café, un expresso bien chaud,
3 gouttes d'amaretto, quelques miettes de cookies,
plus ou moins de chantilly selon votre envie…
et votre gourmandise.

1 2

3 4

annexe

table des recettes

verrines classiques

milk-shake céleri-bacon 22

milk-shake avocat-orange au crabe 24

coquille d'œuf mimosa 26

la vache qui rit, jambon-concombre 28

coquillettes-mâche-roquefort-poire 30

gorgonzola et bacon 32

fromages coulants 34

agneau, crème raifort-menthe 36

brandade de haddock 38

bœuf en gelée 40

miniflans de légumes 42

miniterrines de pommes de terre au munster 44

minicroque-monsieur en terrine 46

légumes en tempura 48

farfalles aux petits légumes 50

crumble niçois au chèvre 52

verrines d'ailleurs

maki-verrines 56

caviar d'aubergine, ricotta et coppa 58

à l'italienne 60

chèvre-fruits secs-tomates séchées 62

caviar de courgette et crème de parmesan 64

penne au thon à la sicilienne 66

boudin noir-spéculos-bananes épicées 68

quinoa au citron, pistou de roquette et œufs de saumon 70

boulgour et magret de canard 72

chutney de cerises au manchego 74

gaspacho à la pastèque 76

légumes à la grecque 78

billes de melon et de pastèque au porto, gressins au Parme 80

perles du Japon au saumon fumé et guacamole au cumin 82

riz à l'espagnole 84

verrines chic

trio de fois gras et fruits 88

foie gras, chocolat et orange
sanguine 90

Saint-Jacques, boudin noir
et pommes vertes 92

lentilles corail au foie gras
et au jambon cru 94

crème froide de pomme de terre,
jus de truffe et coppa 96

chèvre frais, pommes vertes
et magret fumé 98

pousses aux crevettes 100

mousseline de lentilles, châtaignes
et saucisse 102

charlotte de légumes 104

tartare de saumon, pommes vertes
et groseilles 106

kits salés

fromage blanc aux œufs de lump 110

boursin, tomate et tapenade 110

concombre, fromage blanc
et menthe 110

jambon et gouda à la parisienne 110

crevettes-St-Morêt-curry-mangue 112

noix de Saint-Jacques à l'huile
de vanille 112

magret fumé, coeurs d'artichaut
et vinaigre balsamique 112

mozzarella, jambon cru
et tomates séchées 112

pommes de terre
et poissons fumés 114

cubes de bœuf façon tartare 114

tomate, avocat et orange 114

œuf poché aux œufs de saumon 114

surimi, tzatziki et cacahuètes 116

hommous, purée de carottes
et tacos 116

gaspacho de légumes et glaçons
de fruits 116

duo de taramas et crackers 116

verrines gourmandes

sablé, lemon et ginger 120

crumble d'été pommes-fruits rouges 122

pommes au miel et pain d'épice 124

trifle ananas-mangue-passion et tapioca au lait de coco 126

tiramisu 128

minicrèmes brûlées 130

riz au lait, framboises et spéculos 132

marmelade de poires et sablés au chocolat 134

fraises au mascarpone 136

tatin aux bananes, Palmito crème épaisse 138

pana cotta aux fruits rouges 140

délice du Café Noir 142

Pépito café 144

mousse aux marrons et gelée d'oranges 146

fraises au basilic et limoncello 148

framboises melba 150

mousse d'abricots au gingembre et au pain d'épice 152

tiramisu framboises-pistaches 154

milk-shake banane-papaye-mangue 156

pêches en gélée de thé vert 158

marmelade de pamplemousses 160

myrtilles au vin rouge et au romarin 162

dulce de leche 164

flan coco-citron vert 166

ananas confit miel-vanille et mascarpone 168

pudding d'agrumes à la brioche 170

granité champagne, fraises et biscuits de Reims 172

verrines chocolat

crumble tout chocolat 176

la cage aux Mikados 178

sucettes fondantes au chocolat 180

chocolat-caramel à l'huile d'olive 182

mousse au chocolat surprise 184

pailleté riz soufflé-deux chocolats 186

la cerise sur la verrine 188

chocolat blanc, fraises et wasabi 190

chocolat au lait et framboises 192

le rouge et le noir 194

bananes, chocolat et pralin
cacahuètes 196

chocolat et thé vert 198

le puits d'amour 200

choco mint 202

choco-citron 204

croc et choc'orange 206

meringue, chocolat et pommes 208

milk-shake pistache-chocolat
et griottes 210

charlotte au chocolat 212

sapins de Noël aux Smarties 214

irish coffee choc 216

truffes glacées à la lavande 218

chocolat blanc et agrumes 220

anglaise au chocolat
et fruits givrés 222

kits sucrés

litchis au lait de coco
et gingembre 226

Bounty banane 226

Tagada cheese 226

Mikados, fruits frais, crème choco 226

forêt-noire au brownie 228

cookies, crème vanille et caramel 228

orange, cannelle et sablé breton 228

petite madeleine « façon baba » 228

faisselle, raisins noirs,
crème de cassis 230

guimauve, fruits frais et coulis 230

petit-suisse, crème de marron
et cigarettes russes 230

crème au café et éclats de nougat 230

yaourt, confiture et muesli 232

petit-suisse arlequin 232

melon à l'anis 232

café liégeois à l'amaretto 232

Découvrez toute la collection :

entre amis

Apéros

Brunchs et petits dîners pour toi & moi

Cocktails glamour & chic

Grillades & Barbecue

Desserts trop bons

Chocolat

Verrines

cuisine du monde

Curry

Pastillas, couscous, tajines

Spécial thaï

Wok

200 bons petits plats italiens

tous les jours

200 plats pour changer du quotidien

Cuisine du marché à moins de 5 euros

Mon pain

Pasta

Pâtisserie facile

Petits gâteaux

Préparer et cuisiner à l'avance

Recettes faciles

Recettes pour bébé

Spécial débutants

Risotto et autres façons de cuisiner le riz

Spécial Poulet

Tout chaud

bien-être

5 fruits & légumes par jour

Petits plats minceur

Poissons & crustacés

Recettes vapeur

Salades

Smoothies et petits jus frais & sains

200 recettes vitaminées au mijoteur

SIMPLE
PRATIQUE
BON

POUR CHAQUE RECETTE, UNE VARIANTE EST PROPOSÉE.

MARABOUT
LES PETITS COSTAUDS CÔTÉ CUISINE